T0303751

Steve Flowers y Bob Stahl

Vivir abiertos de corazón

Mindfulness y compasión
para liberarnos de la desvalorización personal

Prólogo de Tara Brach

Traducción del inglés de Alfonso Colodrón

editorial Kairós

Título original: LIVING WITH YOUR HEART WIDE OPEN by Steve Flowers

© 2011 by Steve Flowers and Bob Stahl
New Harbinger Publications, Inc.
5674 Shattuck Avenue
Oakland, C.A. 94609
www.newharbinger.com

© de la edición en castellano:
2013 by Editorial Kairós, S.A.
Numancia 117-121, 08029 Barcelona, España
www.editorialkairos.com

© de la traducción del inglés: Alfonso Colodrón

Revisión: Amelia Padilla
Fotocomposición: Beluga & Mleka, Córcega, 267. 08008 Barcelona
Diseño cubierta: Katrien van Steen
Impresión y encuadernación: Romanyà-Valls. Verdaguer, 1. 08786 Capellades

Primera edición: Octubre 2013
ISBN: 978-84-9988-310-6
Depósito legal: B 16.592-2013

Todos los derechos reservados.
Cualquier forma de reproducción, distribución, comunicación
pública o transformación de esta obra solo puede ser realizada
con la autorización de sus titulares, salvo excepción prevista por
la ley. Diríjase a CEDRO (Centro Español de Derechos Reprográficos,
www.cedro.org) si necesita algún fragmento de esta obra.

Este libro ha sido impreso con papel certificado FSC, proviene de fuentes
respetuosas con la sociedad y el medio ambiente y cuenta con los
requisitos necesarios para ser considerado un "libro amigo de los bosques".

A todos los que han elegido
vivir con su corazón totalmente abierto
aun cuando se enfrenten al miedo y al dolor

Sumario

Prólogo

Las grandes verdades se olvidan con demasiada frecuencia. Este libro nos vuelve a recordar una verdad fundamental para nuestra felicidad: si no podemos aceptar nuestro propio corazón asustado y vulnerable, no podemos amar nuestro mundo.

Desgraciadamente solemos estar en guerra con nosotros mismos. Más veces de las que puedo recordar, muchas personas han compartido conmigo el dolor de sus creencias fundamentales. «Hay algo que básicamente no funciona en mí», me dicen. «No me siento digno de amor.» Una mujer definía su dolor de una manera que realmente me chocó: «soy una desgracia», me dijo con una mezcla de disgusto y pena.

Esta palabra, "desgracia" –fuera del flujo de la gracia–, habla del alma que sufre un sentimiento de inadecuación, vergüenza o aislamiento. Cuando nos miramos a nosotros mismos con un juicio tan severo y con tanto disgusto, perdemos el acceso a nuestra propia inteligencia natural y nos aislamos de nuestra ternura y apertura innatas. Todo lo que añoramos –intimidad con otras personas, paz mental, sentimiento de estar totalmente vivos– queda fuera de nuestro alcance.

Vivir abiertos de corazón ofrece un camino de larga tradición y vibrante para sanar este sufrimiento básico de rechazo de sí mismo. Steve Flowers y Bob Stahl son desde hace mucho tiempo entregados practicantes de la meditación y lúcidos y sabios maestros de la atención plena. Con gran claridad y compasión introducen los principios y las prácticas de la atención plena de una forma atrayente y accesible. Sus historias nos muestran que es posible la profunda curación emocional; sus ejercicios y meditaciones nos permiten implicarnos directamente en una transformación interior. Este libro será una válida guía y un amigo para cualquier persona que se comprometa a abrirse y a atravesar el trance de la desvalorización. Que puedan estas enseñanzas servir para que entre de nuevo en el flujo de la gracia y complete la libertad de su corazón despierto.

TARA BRACH. Autora de *Radical Acceptance*

Agradecimientos

Agradecimientos eternos a mis bondadosos y afectuosos padres, Marilyn y Alvan Stahl, que consecuentemente han llevado una vida plena de amor profundo. Quiero honrar a mis abuelos, Nettie y Ben, e Ida y Samuel, que sembraron tanto cariño en nuestras familias. Muchas gracias también a mi hermano, Barry, a mi hermana, Kim, y a sus familias por su cariñoso apoyo. Las palabras no pueden expresar mi profunda gratitud a mi querida esposa Jan, y a nuestros hijos Ben y Bodhi. Me mantienen humilde y honesto y me enseñan la importancia de la familia y el amor. Me inclino ante mis maestros del Dharma, Taungpulu Sayadaw, Hlaing Tet Sayadaw, Pakokhu Sayadaw y Rina Sircar. Sin ellos, no estaría recorriendo este sendero de atención plena.

Quiero dar las gracias a mi querido amigo, hermoso hombre salvaje, extraordinario Steve Flowers, mi coautor en esta colaboración. Estoy asombrado de su magnífico corazón y aguda inteligencia.

Finalmente, quiero dar las gracias a todos mis estudiantes, así como a mis queridos amigos del Dharma, que sacan lo mejor de mí: Mary Grace Orr, Dan Landry, Jill y Bruce Hyman, Marcy Reynolds, Jason Murphy, Skip Regan, Tom Williams, Karen Zelin, Bruce Eisendorf, Melissa Blacker, Florence Meleo-Meyer, Elisha Goldstein, Richard Shankman, Jon Kabat-Zinn, Saki Santorelli y Vesarajja.

BOB

Introducción

Los seres humanos hablamos mucho con nosotros mismos sobre nosotros mismos. Este "diálogo interno" rara vez es amable; de hecho, con frecuencia es crítica e incluso cruel. Es como escuchar a un crítico deportivo continuos comentarios sobre usted: su actuación, su aspecto, sus pensamientos y su vida en general. Rara vez se calla, y puede hacer comentarios sobre casi todo lo que hace o deja de hacer. ¿Pero acaso alguien más le habla de este modo? Y a este crítico le otorgamos un exceso de credibilidad y lo escuchamos atentamente, por mucho que repita los mismos comentarios críticos cada día y pueda hacernos sentir desdichados. Permitimos a este narrador crear y mantener la historia de nuestra vida y definir quiénes somos. ¿Pero este "yo" que está siempre siendo juzgado, o incluso el crítico interno es realmente usted? ¿Existe el comentarista crítico o incluso el personaje que describe en alguna otra parte más allá de su cabeza?

Llamamos sentido de identidad a esa serie de comentarios que crea el "yo" basándose en una narrativa. Y no solo es un "yo" que ha creado y continúa manteniéndose con su diálogo interno, sino que es muy probablemente el "yo" con el que se identifica. Como consecuencia, la experiencia de su vida se basa en autorreferencias y hábitos de personalidad que le son conocidos, pero que le impiden descubrir una vivencia más profunda y amplia acreca de quién es realmente. El "yo" basado en una narrativa es una trampa de la mente. No es lo que eres.

Si se siente sin valía o incapaz, está atrapado en esta trampa mental y comparte el error con una gran mayoría de personas que están igualmente atrapadas en sus propias prisiones que ellas mismas han construido: su idea de que usted tiene un "yo" relativamente fijo y estable, en primer lugar. Pero cuando examina ese "yo" con el que se ha identificado, descubre que tiene mucha menos entidad de la que ha imaginado. ¿Quién es este "yo"? ¿Está formado por sus pensamientos, sus ideas, sus creencias? ¿Está formado por sus emociones, sus hábitos, sus acciones o su historia personal? ¿Podrían ser estados de ánimo típicos o rasgos de la personalidad?

¿Y qué me dice de su cuerpo? ¿Es usted? Conceptualmente lo llama "mi cuerpo", pero considérelo miembro por miembro y descubrirá que es difícil encontrar ahí un "yo". Tome el ejemplo de un automóvil. Podemos decir que es un Ford, pero si lo despieza, ese Ford ya no está en ninguna parte y no puede encontrarse. Identificarse con el cuerpo puede crear mucho sufrimiento. Está sujeto a los caprichos de los juicios de valor. Podemos verlo como la estatura, la forma, el color o el género equivocados. Puede ser demasiado débil, con demasiado pelo, con demasiado poco pelo. Estos tipos de juicios pueden originarse en nuestra cultura, en nuestra época o en nuestra comunidad, pero con independencia de estos implacables juicios, todos estamos sujetos a condiciones universales a las que nadie puede escapar; nuestro cuerpo se lesiona, enferma, envejece y muere. Pero considerémoslo con más detalle: ¿es usted ese dedo, esa mano, esa cabeza de pelo sano?

Como sugiere Descartes, ¿es el que piensa? ¿Es usted una serie de recuerdos que los pensamientos mantienen? ¿Es la historia de su vida? Tal vez responda: «Sí, eso soy "yo"». Sin embargo, sus pensamientos y las historias que tejen también están sometidos al cambio, algo que puede claramente comprobar cuando desarrolla la práctica de la meditación. Desde el punto de observación más elevado de la consciencia plenamente atenta puede reconocer que el personaje "yo" que estas historias crean resulta ser una creación mental de los mismos pensamientos y que el "yo" que crean es en realidad muy maleable. Puede ser bueno o malo, dependiendo del estado de ánimo en el que se encuentre. Cuando se halla en un estado de ánimo, recuerda triunfos brillantes. En otro estado de ánimo, ve una larga historia de fracasos deprimentes. La historia con la que se identifica en un momento determinado le ofrecerá probablemente la prueba irrefutable de quién es y de lo que es, y puede funcionar como un fiscal que gana su causa frente a cualquier jurado. Puede probar que usted es un héroe o un loco, una víctima o un genio creador. Cuanto más se repiten esas historias, más creíbles se vuelven, y es así como se fortalece el sentido del "yo".

¿Se ha sentido alguna vez totalmente seguro de que había algo que no funcionaba en usted y que incluso, aunque no supiera exactamente el qué, sentía con casi certeza absoluta que todo el mundo pensaba lo mismo? Nosotros también nos hemos sentido así y nos llevó muchos años darnos cuenta de que lo único que no funcionaba en nosotros era el pensamiento de que había algo que no funcionaba en nosotros. Este pensamiento era una creación nuestra. Estábamos viviendo en un engaño y encontramos la prueba de nuestra naturaleza deficiente en nuestras historias personales y, aparentemente, en los ojos y acciones de muchas de las personas que encontrábamos. Es una idea que no ha desaparecido por completo, y cualquiera de nosotros puede todavía caer en ese espejismo en determinadas circunstancias. Todos sabemos lo fácil que es cometer un error e inmediatamente etiquetarnos de personas horribles y estúpidas. Los juicios sobre uno mismo surgen con la misma facilidad con la que se cortan en seco.

Los sentimientos resultantes tienen muchos nombres, pero todos culminan en vergüenza, autoculpabilización o una sensación de ser de algún modo incapaz, inferior, incompleto, insuficiente, sin valía o incompetente; como si tuviese un déficit básico o existiese un fallo esencial y que algo terrible no funciona en usted. En este encuadre mental, puede sentirse abandonado, dejado de lado o rechazado, o sentir que ha perdido la dirección de su vida.

¿Le suena familiar? ¿Ha advertido alguna vez la existencia del crítico interno que apenas descansa? A muchos nos pesa este fardo del hábito de ser duros con nosotros mismos. En una clase de reducción del estrés basada en la atención plena, en cierta ocasión una mujer hizo la siguiente observación: «apenas ha habido un día en toda mi vida adulta en el que no me haya llamado estúpida». Otra persona atajó de inmediato y dijo: «"yo" me llamo idiota casi todos los días». Tal vez piense que este tipo de diálogo interno puede ser raro, sin embargo, por triste que sea decirlo, no lo es. Todos nos decimos este tipo de cosas a nosotros mismos, y mucho más. Si hablase a los demás de la forma en que se habla a sí mismo, tendría pocos amigos.

Este libro le ofrece un camino de atención plena para liberarse de estos patrones de pensamiento habituales. A través de la meditación y de la indagación puede descubrir dónde empieza este diálogo interno negativo y por qué es tan crítico consigo mismo. Encararse con esta falta de autocompasión es esencial. En cierto sentido, nuestra misma existencia se ve amenazada por la epidemia del odio a sí mismo. La guerra empieza esencialmente dentro del individuo, y proviene de una sensación de alienación y separación de la interconexión que existe en toda la vida. Hacer las paces internas es una de las tareas más nobles que puede emprenderse, consigo mismo, con los demás y con el mundo en general.

El camino para experimentar la paz es mirar dentro de su corazón, como nos invita amablemente a hacer san Isaac de Nínive: «Estad en paz con vuestra propia alma y los cielos y la Tierra estarán en paz con vosotros. Apresuraos a entrar en la casa del tesoro que está dentro de vosotros [y] veréis las cosas que están en el cielo; porque no existe sino una sola entrada para ambos. La escalera que conduce al Reino está escondida en el interior de vuestra alma [...] Profundizad en vosotros mismos y descubriréis en vuestra alma los escalones por los que podréis subir» (Omán, 2000, 251).

Puede que haya estado usted buscando la satisfacción en las cosas externas. Pero, en última instancia, esas cosas no pueden curar la herida ni llenar el vacío. El lugar donde buscar la paz está en su interior. Este libro le ayudará a conectar con sus propios recursos internos profundos para sanar y practicar la autocompasión. Exploraremos las causas de esa sensación de incapacidad y de vergüenza y le guiaremos a lo largo del camino de la libertad. Aprenderá a utilizar la meditación de la atención plena y de la indagación sobre sí para profundizar en su interior. Esto es importante, porque es allí donde encontrará la escalera para ascender a la totalidad y a una conexión más tolerante y auténtica consigo mismo, con los demás y con el mundo.

He aquí una visión previa del terreno en el que se va a embarcar en esta importante singladura de curación. A lo largo de este libro pondremos en conexión conceptos claves de la psicología occidental y de la psicología budista. Cada una de ellas ofrece beneficios significativos; se sorprenderá al descubrir lo complementarias que son. Los capítulos 1 y 2 proporcionan información básica sobre cómo se desarrolla una sensación permanente de falta de autoestima, principalmente desde la perspectiva de la ciencia psicológica occidental. El capítulo 1 explora el trabajo de la autoría del "yo" –cómo construimos nuestra historia– y cómo este proceso se halla influenciado por el desarrollo de la infancia temprana. En el capítulo 2 consideraremos los pensamientos y emociones destructivas, y cómo se manifiestan en una sensación de dudar de sí mismo, autoculpabilización y deficiencia interna. Ya en el capítulo 3 empezaremos a poner más énfasis en la psicología budista y en las técnicas de atención plena. Este capítulo ofrece algunos elementos básicos sobre la atención plena, sus beneficios y cómo practicarla. A continuación, en el capítulo 4, le ayudaremos a utilizar la consciencia de la atención plena y la indagación sobre sí para investigar profundamente los orígenes de los hábitos mentales y emocionales dolorosos, poniendo luz en los lugares oscuros de su mente y de su corazón, incluyendo los sentimientos de miedo, autoculpabilización y deficiencia. En el capítulo 5, le ayudaremos a cultivar la autocompasión, que es clave para reducir los juicios sobre sí mismo y desarrollar una mayor aceptación de sí. Después, en el capítulo 6, aumentará el bálsamo de la curación que suponen la compasión y la benevolencia hacia usted mismo y hacia los demás, y empezará el importante trabajo de reconciliación, que puede ayudarle a ir más allá de los lugares donde se hallaba estancado. El trabajo que haga en los capítulos 5 y 6 le abrirá la puerta para vivir con su corazón completamente abierto.

El capítulo 7 nos hará volver a alguno de los principios subyacentes de las historias definitorias y limitantes desde la perspectiva occidental. También le proporcionará más técnicas de atención plena para liberarle de sus historias hasta llegar a una aceptación radical. Finalmente, en el capítulo 8, consideraremos con más detalle algunos principios budistas clave de la atención plena como recurso para ayudarle a continuar desarrollando y expandiendo su práctica tras haber finalizado la lectura de este libro. Vivir con su corazón completamente abierto es un proyecto para toda la vida, así que deseamos reintegrarle a su propio camino con más perspectivas de exploración.

Cada capítulo explorará importantes facetas de apertura de su corazón hacia una mayor autocompasión y comprensión interior, y cada uno de ellos finalizará con una meditación guiada que puede incorporar a su vida cotidiana. Todos los capítulos contienen además otros ejercicios y prácticas y, a menudo, le animamos a escribir sobre sus experiencias y comprensiones interiores a medida que los vaya practicando. Consiga un diario o un bloc especial donde pueda registrar sus pensamientos y sentimientos a lo largo de este viaje.

Le ayudaremos a establecer su práctica de meditación de la atención plena paso a paso, empezando con prácticas cortas y directas y avanzando a partir de ellas. A veces expondremos los beneficios de la meditación de la atención plena. Sepa que en cualquier momento en que deliberadamente conecte con su experiencia en el aquí y ahora, está practicando la meditación de la atención plena, así que incluso las prácticas simples pueden proporcionar beneficios. Dicho esto, las prácticas posteriores de este libro le proporcionarán una comprensión interior más profunda y una curación más amplia. Este libro no está diseñado para ser leído de una forma pasiva; es una guía con la que establecer un proceso activo de aprendizaje y práctica y lograr la comprensión interior que procede del nivel del compromiso. Por favor, léalo despacio, dando un paso cada vez y saboreando el viaje. Por el momento, empecemos con una pequeña meditación y reflexión.

Práctica de la atención plena: una meditación de bienvenida

Dese 5 minutos para esta práctica inicial. Puede estirarse un poco antes de empezar y después puede sentarse o tumbarse. Póngase tan cómodo como pueda mientras mantiene la atención. Puede cerrar los ojos si lo desea, o dejarlos parcialmente abiertos si le es más cómodo. Entre en el aquí y ahora a través de su respiración, centrándose en las sensaciones de la respiración. La respiración es un excelente vehículo para la atención plena; está con usted allá donde vaya, siempre disponible como una forma de conectarse con su experiencia del momento.

Empiece esta meditación dedicando unos momentos a felicitarse por embarcarse en este viaje de la atención plena y de la compasión por sí mismo. Este es un momento de nuevos comienzos, y es bueno reconocer este importante primer paso del camino, el de de atravesar los sentimientos de falta de autoestima y seguir adelante.

Ahora, dirija su atención a cómo se siente física, mental y emocionalmente. Esta puede ser la primera vez que hoy afloja el ritmo para atenderse a sí mismo con atención y consciencia. Métase en su cuerpo y en su mente y reconozca todo lo que está presente, ya sean sentimientos de tensión y tirantez como sentimientos de facilidad y de estar relajado. Simplemente déjelo estar. Puede haber recuerdos del pasado, planes de futuro, esperanzas, sueños, preocupaciones, sentimientos que duelen, sentimientos de alegría, miedos o una miríada de experiencias diversas.

Permita que cualquier cosa que se halle bajo la superficie pueda surgir a la atención plena, y después simplemente reconózcala y déjela ser. No hay nada que necesite fijar, analizar o resolver. Simplemente permítase estar donde esté.

Cuando llegue al final de esta meditación, felicítese por haberse tomado este tiempo para estar presente y participar directamente en su salud y bienestar.

1. La ficción del "yo"

> No profundizamos mucho en los hechos
> cuando estamos mirándonos a nosotros mismos.
>
> MARK TWAIN

Sentirse sin valor es sufrir. Es como sentirse imperfecto y tener que ocultar su imperfección a los demás para no ser rechazado. Pero ocultarse, aparentar y apartarse de los demás suele producir que se sienta alienado y, después, que interprete estos sentimientos como prueba de que es imperfecto. Este es un círculo vicioso de dudas y juicios sobre sí mismo que le separa de los demás y le impide sentirse total y completo. Aunque pueda estar estancado en este autoconcepto, es mucho más arbitrario y flexible de lo que pueda llegar a pensar.

La autora y consultora de organizaciones Margaret Wheatley describe bien esta dinámica: «Nos damos cuenta de lo que nos damos cuenta a causa de lo que somos. Nos creamos a nosotros mismos por aquello de lo que queremos darnos cuenta. Una vez que ese trabajo de propia autoría ha empezado, habitamos el mundo que hemos creado. Nos cerramos con un candado. No pasa por el tamiz de nuestra consciencia nada salvo aquello que confirma lo que ya pensamos sobre quiénes somos [...] Cuando conseguimos salir de nuestros habituales procesos autorreferentes y podemos mirarnos desde arriba con consciencia de nosotros mismos, tenemos una oportunidad de cambiar. Rompemos el candado. Nos damos cuenta de algo nuevo» (1999,1). Esta es una poderosa comprensión interior, no solo de cómo el concepto del "yo" se perpetúa a través de los hábitos de la mente y de la percepción, sino también de cómo puede liberarse y descubrir una experiencia mucho más amplia de quién es. Tal vez ninguno de nosotros descubra quiénes somos en realidad hasta que nos liberemos de los conceptos de quiénes somos y no somos. Por ello, empezamos este libro explorando cómo se crea y se mantiene la ficción del "yo".

El sentido del "yo" se forma en la temprana infancia y gradualmente se cristaliza en autoconceptos y creencias, que crean una identidad personal que puede definirlo y restringirlo el resto de su vida. El "yo" es condicionado principalmente en las primeras relaciones interpersonales, y después tendemos a ver solo aquellas cosas que confirman quiénes creemos que somos, y filtramos todo al revés. Esto es lo que significa encerrarse con un candado: cerrar sus posibilidades y sellar su identidad y su destino dentro de cualquier "yo"–construido que haya sido creado cuando era niño. Este "yo" se convierte en una prisión de creencias que colorean y distorsionan su experiencia de quién es usted.

La cita de Margaret Wheatley proporciona una visión penetrante de cómo podemos liberarnos de esta prisión de espejos deformantes con reflejos distorsionados que toman equivocadamente por la realidad. Si puede vivirse a sí mismo desde la consciencia del aquí y ahora, en lugar de vivirse a través de las percepciones estrechas del "yo" creado mucho antes de este momento, puede encontrar otra forma de ser y estar en el mundo. ¿Cómo desarrolla esta consciencia del aquí y ahora? La atención plena es la clave, y, a medida que vaya trazando su camino a través de este libro, le ofreceremos muchas prácticas que le ayudarán a desarrollar esta perspectiva.

Como es importante entender de dónde parte, en este capítulo, exploraremos cómo se construye una identidad de ser insuficiente y cómo se perpetúa, tanto desde la perspectiva psicológica occidental como desde el punto de vista de la psicología budista. A medida que aprenda a poner consciencia de atención plena e indagación a estas construcciones autolimitadoras, podrá descubrir posibilidades de más libertad y paz. Es como un conocido cómic zen, que muestra a un prisionero angustiado que se aferra a los barrotes de su celda, mientras que en un pequeño rincón oscuro de la misma celda puede verse una pequeña puerta visiblemente abierta. Mientras no deje de aferrarse a las rejas de la prisión de su "yo" y empiece a explorar sus lugares oscuros y no iluminados, no podrá encontrar la puerta de la libertad.

La propia autoría

Las historias que repite construyen su historia personal y su identidad. Estas incluyen su lugar y fecha de nacimiento, cómo era su familia, las cosas que le sucedían, lo que hacía, lo que hacían los demás, su primer amor y su primera traición. Y todo esto se va perpetuando a medida que lo va repitiendo. Cuando realmente considera sus propias historias, tal vez descubre que son repetitivas, e incluso arbitrarias, dependiendo de su estado anímico. Lo más probable es que los detalles ni siquiera coincidan con los detalles de las historias de sus padres o hermanos más cercanos. Una buena pregunta sería entonces, «¿quién sería usted sin su historia?». Verse a sí mismo sin su historia es un recurso excelente para dejar de tomarse las cosas de modo personal, lo cual puede ser muy útil para trabajar la vergüenza y la sensación de inadecuación.

La propia autoría empieza en la infancia temprana con las respuestas que damos a quienes nos cuidan. Si somos criados en un entorno de seguridad en el que nos sentimos aceptados y reconocidos, tendemos a tener más compasión por nosotros mismos y ser menos autocríticos (Neff y McGehhe, 2008). Pero si las personas que nos cuidan son más críticas o agresivas, o si nos sentimos inseguros con ellas por cualquier razón, tendemos a convertirnos en personas más autocríticas e inseguras a medida que crecemos (Gilbert y Proctor, 2006). Nos vemos a nosotros mismos en los espejos de los ojos y conductas de los demás, y nuestras historias reflejan lo que ahí vemos.

Quien cree ser empezó en sus relaciones tempranas con sus cuidadores y fue en estos intercambios en los que decidió que era una persona válida o no, que era competente o incompetente. Su historia se ha desarrollado dentro de este tema original desde entonces. Por ejemplo, si se siente incompetente, tal vez busque la sensación de competencia a partir de los demás o de las cosas, o de lo que hace, de su apariencia, de sus aptitudes o de sus realizaciones. Esto nunca funciona. El sentimiento de incompetencia no proviene de ninguna de estas cosas, proviene de dónde se halla usted. Por eso, muchos de nosotros nos sentimos imperfectos y sin valor, hagamos lo que hagamos. Estamos continuamente haciendo cosas. Conseguimos cosas maravillosas. Podemos incluso tener éxito en probar nuestra idoneidad a los demás, pero casi nunca nos la probamos a nosotros mismos. Poco tiempo después de cada clamorosa ovación, vuelve la sensación de incompetencia, que nos sigue inexorablemente como una sombra.

El sentimiento de incompetencia también nos sigue en nuestras relaciones amorosas, porque en ellas tendemos a interpretar nuestro papel con las actuaciones más intensas. Seguramente la persona que nos ama nos dará aquello que hemos añorado durante tanto tiempo. Y seguramente el amor de esta persona será suficiente y a través de él finalmente nos sentiremos plenos. Esto tampoco funciona casi nunca, aun cuando nuestras parejas hagan todo lo posible para asegurarnos que somos como todos o incluso más. De hecho, las distorsiones de nuestra propia autoría con frecuencia se manifiestan más espectacularmente en estas relaciones que en ninguna otra, debido a la distorsión perceptual extraordinaria conocida como proyección (atribuir los propios pensamientos y juicios a los demás).

La proyección es una especie de trance que constituye la base de todas nuestras relaciones, pero es particularmente importante en nuestras relaciones amorosas, en las que tendemos a proyectar en nuestras parejas los pensamientos y emociones desagradables que no han sido trabajados. Con independencia de lo que nuestras parejas digan o hagan, normalmente creemos que están expresando algo diferente. Esto puede volvernos locos hasta que empezamos a averiguar que no estamos viendo las cosas tal como son. Estamos viendo las cosas de la forma en que nosotros somos. Pero puede llevar mucho tiempo el conseguir esta comprensión interior, si es que alguna vez se consigue. La mayoría asumimos totalmente la ficción de quiénes somos, y es raro que nos demos cuenta de que nosotros mismos somos los autores de las historias en las que vivimos.

La proyección es un gran dilema en nuestra vida; colorea todas nuestras relaciones. Constituye una intrincada ficción que cristaliza lo que pensamos que somos y lo que pensamos que los demás son, ahondando aún más la brecha entre uno y los demás. En la medida en que vivimos dentro de esta narrativa, continuamos creyendo que estamos separados y aislados de todo el mundo.

Por qué nunca es suficiente

La psicología occidental ha estudiado con profundidad cómo se forma un sentido del "yo" incompleto y distanciado en la primera infancia, y cómo las deficiencias del apego y de la vinculación con los cuidadores pueden crear a lo largo de la vida un ansia de seguridad y una profunda desconfianza en los demás. La psicología budista ha estudiado con profundidad cuestiones similares, poniendo el enfoque en cómo creamos el sufrimiento al identificarnos con un "yo" fabricado artificialmente, junto con todos sus deseos, aversiones y confusión. Esta psicología ofrece pasos para ayudarnos a desidentificarnos de esta sensación del "yo" restrictiva y separada. Ambas orientaciones proporcionan comprensión y herramientas que podemos utilizar para liberarnos del sufrimiento originado en una sensación distorsionada del "yo" basado en una narrativa incorrecta.

Cuando vivimos dentro del trauma de una infancia no resuelta y de la herida producida, es muy difícil obtener vislumbres de la claridad y ausencia de "yo" de la realidad del aquí y ahora. Continuamos siendo arrojados de nuevo a nuestro "yo" basado en una narrativa y en asuntos no resueltos, por mucho que intentemos desesperadamente dejarlo atrás. Es como tener un cable elástico atado a su trasero que le impide avanzar hasta haber terminado con lo que evidentemente necesita terminar. Es un enorme trabajo para cualquiera de nosotros despertar del trance en el que nosotros mismos nos hemos sumergido mediante la repetición de nuestras historias; historias que oscurecen las verdades y el sentimiento que todavía no podemos soportar.

El "yo" inadecuado y deficiente forjado dentro de las interacciones dolorosas en las relaciones tempranas continuará invadiéndonos hasta que tomemos la determinación de realizar el trabajo de curación del niño interior. La atención plena puede ayudarnos a abrirnos y acercarnos a nuestra propia angustia y dolor sin juicio, evitación ni artificios. Pero incluso aumentando nuestra atención plena, este trabajo es muy difícil de hacer en solitario, sobre todo cuando se trabaja con traumas no resueltos de la infancia. El "yo" forjado en la infancia tiene tantas defensas y autoengaños que trabajar solo no suele ser suficiente para acceder a los sentimientos que necesitamos sentir, o regularlos suficientemente bien para liberarnos de sus influencias tóxicas. Como la sensación de un "yo" incompleto se forma dentro de las relaciones interpersonales, a menudo necesitamos trabajar dentro de las relaciones interpersonales a fin de comprender y sanar la identidad que hemos formado en ese campo. Tenemos que derramar nuestras lágrimas y manifestar nuestra ira, y necesitamos encontrar una vía para recuperar todos estos sentimientos sin vernos abrumados por ellos. Esto implica habitualmente una investigación personal profunda con un terapeuta o un maestro especializado, en el que confiemos y que pueda ayudarnos a integrar y a regular por nosotros mismos todos los sentimientos de los que nos hemos aislado.

Podemos utilizar la sabiduría y los instrumentos de la psicología occidental para sanar las heridas de la infancia y recuperarnos de los patrones mentales y emocionales destructivos. Y podemos utilizar la sabiduría y los recursos de la psicología budista para encontrar un sentido más amplio de quiénes somos que no esté dirigido por la autocrítica y los deseos insatisfechos. Estas dos orientaciones se solapan armoniosamente para guiarnos en el camino hacia la libertad.

Muchas personas que han practicado la meditación durante largo tiempo han hecho, sin embargo, todo lo posible para evitar el arduo trabajo de recuperar y vivir los sentimientos enajenados. Sería agradable trascender simplemente el "yo" herido y, al mismo tiempo, vivir con un estado superior de consciencia que no esté perturbado con otros elementos caóticos, como sentimientos y sentimientos desagradables. Pero a pesar de que lo intentemos, estos elementos continúan surgiendo y minando nuestro mayor estado alcanzado de paz interior. Nuestros pensamientos y sentimientos desagradables no desaparecen simplemente porque no nos gusten. Tenemos que sanar el "yo" que fue creado en la infancia antes de poder disfrutar de la libertad de no estar recluidos dentro de las narrativas personales.

El "yo" basado en una narrativa
versus el "yo" basado en la inmediatez

La psicología budista afirma que hemos nacido con un hambre de placer, así como con un hambre de existir y, sin embargo, otra hambre de no existencia, y que estas diferentes formas de hambre constituyen la causa del sufrimiento humano. En la psicología occidental, Freud estableció estos mismos impulsos humanos y reconoció su poder para causar sufrimiento. Llamó al hambre de placer "el principio de placer", al hambre de existir, "el instinto de vida" o "Eros", y al hambre de no existencia, "el instinto de muerte" o "Tanatos".

No tenemos que profundizar demasiado para ver cómo estas "hambres" crean el sufrimiento en nuestras vidas. Nuestras primeras experiencias de hambre es el hambre o deseo de vivir, que emerge de inmediato como un ansia de sustento físico. Inmediatamente después del nacimiento, lloramos a pleno pulmón para atraer la atención de nuestra madre. Anhelamos reunirnos con su cuerpo de nuevo, y cuando ella responde, empezamos a buscar su pecho y a succionarlo. La suavidad y calidez de su piel y la nutrición de su leche son agradables.

También podemos sentir nuestros primeros deseos de no existencia muy temprano en la vida. Si nuestros cuidadores no responden bien a nuestros primeros deseos de ayuda, podemos con el tiempo dejar de expresar esta necesidad y volvernos apáticos y retraernos. Esto puede adoptar la forma de una represión del impulso en los bebés. Todos nosotros experimentamos esto al menos en alguna ocasión, las ocasiones en las que simplemente queremos encerrarnos, escapar, evitar, y no sentir lo que está sucediendo. Este deseo profundo de no existencia hace que surjan adicciones de todo tipo y también el impulso de aislarnos y cerrarnos, aislándonos de todo el mundo, incluso de nosotros mismos.

El hambre de las necesidades no satisfechas puede constituir el tema central de la historia que se repite a sí mismo, creando una narrativa de un "yo" herido. Como ya se ha descrito anteriormente, el "yo" basado en la narrativa perdura a lo largo del tiempo y continúa creándose a sí mismo una y otra vez a través de las historias que repite. Creemos erróneamente que este "yo" es de algún modo una entidad permanente que perdura a lo largo de los cambios constantes de la vida. El psicólogo William James caracterizó al "yo" basado en la narrativa como una construcción de narrativas que se tejen juntas a partir de los hilos de la experiencia a lo largo del tiempo en un concepto de cohesión al que nosotros nos referimos como "mí" para dar sentido al "yo" que está actuando en este momento (James, 1890). El "yo" basado en la inmediatez, por el contrario, es una criatura del aquí y el ahora. Está basado en la experiencia de quién es usted en cada momento. Este sentido del "yo" existe solo en el momento actual y, por ello, está fuera de la edad y el tiempo. Es la orientación primaria a partir de la cual se experimenta la atención total y, de este modo, no se caracteriza con conceptos como género, raza, religión e historia personal. Como tal, el "yo" basado en la inmediatez no es simplemente una cosa, sino más bien un centro activo de consciencia a partir de la cual puede reconocer la experiencia momento a momento. Desde esta perspectiva, la famosa frase de Descartes se convierte en: «experimento lo que está sucediendo, luego existo».

La investigación neurológica que utiliza la imagen por resonancia magnética funcional (IRMf) ha mostrado que estas dos formas de consciencia de sí –la basada en la narrativa y la basada en la inmediatez– se hallan localizadas en dos zonas diferentes del cerebro (Farb y otros autores, 2007). Utilizando las imágenes neuronales, que pueden detectar en que "yo" están funcionando las personas, ese estudio comparó a meditadores principiantes con personas que habían participado en un programa de ocho semanas de meditación de atención plena. Cuando los participantes cambiaron su enfoque narrativo para centrarse en su experiencia inmediata, las IRMf indicaron que los meditadores experimentados tenían menos actividad en la región asociada con el "yo" basado en la narrativa. En otras palabras, a través de la práctica de la meditación de la atención plena podemos desidentificarnos del "yo" que hemos creado con nuestras historias y descubrir un nuevo sentido del "yo" basado en el momento presente.

El "yo" basado en la narrativa vive en un *continuum* de pasado y de futuro y, como tal, constituye una fuente de deseos, insatisfacción y juicios –en resumen, de sufrimiento–. El "yo" basado en la inmediatez existe solo en el aquí y en el ahora. Estas dos orientaciones del mundo son fundamental y neurológicamente diferentes. El "yo" basado en la inmediatez vive con el dolor emocional inevitable de ser humano, aunque está también presente en la brisa que sopla en su rostro o en el canto del pájaro que no puede sentir ni oír cuando está preocupado y centrado en pensamientos e historias. El "yo" basado en la narrativa puede ayudarle a evitar gran parte del dolor emocional que es inevitable cuando se vive en el aquí y en el ahora, pero hay que pagar un precio, ya que a cambio debe vivir con el sufrimiento que crean las historias autolimitadoras.

Es importante entender la distinción entre dolor y sufrimiento. Cierta cantidad de dolor es inevitable en la vida. Todos nosotros experimentamos pérdidas, contratiempos, enfermedades, y mucho más. Pero el sufrimiento es diferente. Incluye además los pensamientos que vamos acumulando por encima del dolor, pensamientos que con frecuencia nos hacen sentir muchísimo peor de como nos sentimos con el dolor original. Por ejemplo, el dolor se transforma en sufrimiento cuando nos decimos a nosotros mismos cosas del estilo: «Nunca podré superarlo. Este dolor me torturará el resto de mi vida».

El camino de la sanación es un proceso de sentir el dolor que excluimos y no deseamos y que las historias de falta de autoestima han cubierto y ocultado. La atención plena es una habilidad clave para llevar a cabo este proceso, al potenciar la percatación del momento presente que le permitirá afrontar el dolor inevitable de ser humano y sostenerlo. La consciencia nos permite mirar profundamente el dolor de nuestras vidas, porque ella misma no está sometida al dolor. Puede ser testigo del dolor, pero no es dolor en sí misma. No filtra los sentimientos que parecen embarazosos o tal vez indeseados; le permite abrir su corazón y vivir profundamente lo que se halla en él.

La atención plena y la compasión le proporcionan un entorno seguro a su corazón dolido o rabioso, un entorno similar al que unos padres amorosos ofrecen a un hijo. A medida que van cayendo las restricciones de sus viejas historias limitadoras, sentirá algo de dolor, pero similar al dolor del nacimiento, aportando una nueva forma de ser al mundo. De hecho, su voluntad de volverse hacia el dolor y el sufrimiento desde el corazón totalmente abierto de la atención plena es una forma de dejar de sufrir. Al hacerlo, podrá descubrir su totalidad y cómo vivir a partir de lo que es y siempre ha sido total y completo en usted, con independencia de lo que haya sucedido en su vida. Esta forma de ser es más capaz de estar totalmente presente, más capaz de amar y ser amado. Su corazón puede romperse, pero se rompe abriéndose y ahí es donde la luz brilla a través de él.

El anhelo de ser visto y oído

Cuando nace un bebé, llora y algo en el corazón de la madre responde inmediatamente. El deseo ardiente del bebé de ser nutrido suscita un anhelo en la madre de consolar y nutrir. El neocórtex altamente evolucionado del bebé y de la madre sintonizan y pueden resonar juntos, de modo que la capacidad innata de empatía normalmente guía la respuesta de la madre hacia su hijo. Cuando no responde bien a las necesidades emocionales del niño, ello puede contribuir al sentimiento posterior de falta de autoestima en la vida del niño.

En su libro *A Secure Base: Parent-Child Attachment and Healthy Human Development* (1988), el psiquiatra John Bowlby expone lo fundamental que es el apego o el vínculo entre el bebé y el cuidador en el desarrollo de la personalidad adulta (Bowlby, 1988). Bowlby creía, y posteriormente lo demostró, que el profundo deseo de apego o la conexión emocional es un impulso innato, independiente del anhelo de nutrición física. Más tarde demostró que la forma en que los cuidadores responden a la necesidad del vínculo emocional es esencial para un sano desarrollo social y emocional.

Las teorías de Bowlby corresponden a descubrimientos paralelos que se han hecho en el estudio de otros primates. En una serie de experimentos que realizó en los años cincuenta y sesenta, Harry Harlow y algunos colegas separaron a bebés mono de sus madres en el momento del nacimiento, los cuales fueron educados por dos madres inanimadas sustitutas, una hecha de cables que proporcionaba al bebé un biberón de leche y otra blanda y acogedora como un peluche, pero sin biberón. Dos investigadores descubrieron que los bebés preferían claramente el vínculo con la "madre" blanda y acogedora, aunque no les proporcionaba alimento alguno. El confort nutritivo de contacto era aún más importante que ser alimentado (Harlow, 1959).

Bowlby y los investigadores posteriores sobre el apego hicieron observaciones similares acerca de la importancia de la nutrición emocional y del vínculo en los seres humanos, y su trabajo sigue proporcionando una de las explicaciones más claras de cómo surgen los sentimientos de incompetencia y vacío en la temprana infancia. La investigación demuestra repetidamente lo importante que es una empatía precisa para nuestro sentimiento de adecuación y cómo necesitamos una relación parental segura que nos proporcione un entorno en el que podamos expresar nuestra desesperación, angustia y rabia. Si de algún modo está desprovisto de esto, su sentido del "yo" puede estar herido, creando lo que se conoce como la herida narcisista.

El sentido del "yo" que ha sido dañado en estas relaciones tempranas es la identidad del ego, o el "yo" condicionado. Esta es la parte de su consciencia que normalmente consideramos como "yo" en el "yo" basado en la narrativa, el mismísimo centro de la individualidad que se siente separado y distinto de todos los demás. Este "yo" es el personaje central de las historias sobre nosotros que nos contamos a nosotros mismos. Para aquellos que se sienten indignos, la herida narcisista es habitualmente una herida de privación, una herida de descuido. No se trata de lo que le sucedió; se trata de lo que no le sucedió, de lo que no recibió y que necesitaba para tener un entorno emocional seguro y nutritivo. La seguridad emocional y los reflejos empáticos apropiados que necesitaba no estaban ahí, creando una herida narcisista a partir de la cual crece un sentimiento de falta de valía.

Paradójicamente, los sentimientos de falta de valía pueden también crearse cuando el niño es inundado de atención paterna y materna. Esto crea un tipo de herida narcisista conocida como engullimiento. En la privación, el niño puede llegar a la conclusión de que no es cuidado porque algo no funciona en él. En el engullimiento, el niño puede llegar a la conclusión de que está siendo cuidado excesivamente porque es incapaz de cuidarse a sí mismo.

Puede parecer que esto crea un dilema de imposible resolución para los padres, pero la investigación demuestra que existe un camino medio, una cierta cantidad de atención que no es ni demasiada ni poca (Winnicot, 1996). La buena noticia es que no tiene que ser perfecto para ser un padre o una madre excelente; solamente necesita ser suficientemente bueno. De hecho, ¡ser suficientemente bueno es perfecto! Esto encaja muy bien con la vía de en medio del budismo, un concepto descubierto por Gautama Buda hace unos 2.500 años. Existe un camino medio en todas las cosas, aun cuando a veces tenemos que ir a los extremos para encontrarlo. Cuando negociamos el camino del equilibrio, es fundamental que nos tratemos a nosotros mismos con compasión.

El descubrimiento del niño interior herido

Existen muchas razones por las que puede no haber tenido cubiertas sus necesidades interpersonales en la infancia y normalmente ninguna de ellas constituye una falta que se le pueda atribuir. Tal vez era el último de siete hermanos y ya solo el número de niños era abrumador. O tal vez era una niña y sus padres querían un niño, o viceversa. Puede que haya recibido esa atención vital al principio, pero que por alguna razón dejara de recibirla. Tal vez su madre tuvo que volver a trabajar y ya no pudo tener suficiente tiempo para usted, o quizá nació una hermana o un hermano menor, así que no había mucho tiempo sobrante para usted. O quizá alguien de su familia cercana murió, o sus padres se divorciaron. Como puede comprobar, muchas de estas cosas que puede descubrir cuando intenta sentir sus sentimientos largamente enterrados no tienen nada que ver con responsabilidad alguna de su parte en relación a su actual sentimiento de incapacidad.

Muchas veces, las cosas que llevan a desarrollar una sensación de falta de autoestima no están causadas por ningún gran trauma; son simplemente acontecimientos de la vida ordinaria que ni siquiera son relevantes en el momento en que ocurrieron. El niño tan solo siente que emocionalmente algo no funciona, quizá un vago sentimiento de que algo falta. Al intentar dar un sentido a este sentimiento, el niño empieza a intentar imaginar, en cuanto puede formar pensamientos racionales, dónde puede estar el error. Pero como no puede ver el cuadro total, erróneamente llega a la conclusión de que le debe faltar algo. Este es el origen de la narrativa personal autocrítica. Verbalizar las preguntas dolorosas suele dar demasiado miedo: «¿Por qué no me quieres? ¿Qué es lo que tengo de malo? ¿Qué hice mal?». Incluso aunque no sean verbalizadas, siguen mendigando una respuesta, y como la naturaleza aborrece el vacío, el niño llena el espacio vacío con conclusiones sobre lo que no funciona, a menudo llevándole al siguiente pensamiento: «Debe haber algo malo en mí».

Aunque esto pueda parecer una extraña conclusión, tiene sentido. Es preferible pensar eso a que la falta pudiera estar en papá o mamá. Este pensamiento es demasiado terrible. Entre otras cosas, implica que el niño nunca puede alcanzar la atención que anhela. Es más, tal vez empiece a esforzarse por corregirse a sí mismo, pero no tiene medio alguno de modificar a su mamá o a su papá. Una gran mayoría de personas llegamos a sentimientos de falta de autoestima e incompetencia exactamente de de este modo.

La motivación de hacer algo para ayudarse a sí mismo o cambiar procede de un buen instinto, porque realmente usted es la persona más capaz de ayudarse a sí mismo. Pero mientras permanezca intentando corregir sus deficiencias, perpetuará los sentimientos de incompetencia. Esto se debe en parte a que buscar lo que no funciona en usted seguramente hará emerger muchas cosas que parecen equivocadas en usted, al menos desde la perspectiva de una mente crítica. Este enfoque es en realidad uno de los fracasos muy conocidos, por las investigaciones científicas. La investigación para probar una hipótesis puede desviar al investigador a investigar, y a veces reconocer, solo aquellas cosas que sustentan su hipótesis inicial. El problema reside en no reconocer que nuestras presunciones son solo hipótesis y, desde la perspectiva del "yo" incompleto, asumimos que somos imperfectos solo porque no obtuvimos algo que necesitábamos.

Anhelar lo que no tuvimos

Cuando maduramos y nos hacemos adultos, a menudo acabamos buscando a alguien que nos dé aquello que no tuvimos siendo niños. La ausencia de suficiente atención puede crear un hambre voraz de aprobación externa. Algunas personas se tornan muy seductoras; algunas buscan otras formas de manipular o impresionar. Otras actúan para obtener atención, mientras que otras se convierten en personas irremediablemente desvalidas. Algunas incluso se vuelven violentas en la persecución de su anhelo.

Aunque las respuestas de los demás a nuestros esfuerzos puedan satisfacer nuestra hambre, la satisfacción solo es pasajera y, al final, nos sentimos vacíos de nuevo. Observe a un niño de cinco años cuando intenta conseguir su atención, y podrá ser testigo de todo el espectro de comportamientos humanos en esa búsqueda del niño en pos de satisfacer su necesidad de atención. Si lo observa suficientemente de cerca, algunas de estas estrategias pueden sonarle familiares. Incluso las sonrisas y los gestos más dulces pueden convertirse en una estrategia orientada a conseguir una meta.

De lo que normalmente no nos damos cuenta mientas perseguimos nuestra búsqueda externa para conseguir algo que no obtuvimos cuando éramos pequeños es de que este intrincado esfuerzo es enteramente fútil. Al final del día, con independencia de lo bien que hayamos actuado o de cuánto hayamos obtenido de los demás, nunca es suficiente; seguimos sintiéndonos vacíos. La terrible aunque liberadora verdad es que el momento de obtener la satisfacción de estas necesidades fue su infancia. Ya no puede obtener ahora lo que no pudo obtener entonces. Nadie puede asumir el rol del padre o de la madre amorosa que no tuvo. Puede ser amado o incluso adorado en sus relaciones adultas, pero esto no puede llenar el espacio vacío que no se llenó hace tanto tiempo. La buena noticia consiste, no obstante, en que puede aprender a permanecer con el dolor de su corazón con comprensión y autocompasión, y encontrar la paz y la libertad al dejar partir el deseo de que las cosas sean diferentes. Asimilar las cosas como son, con aceptación y compasión, puede ayudarle a liberarse del sufrimiento que le ha aprisionado. Aunque ninguno de nosotros llene nunca adecuadamente el espacio vacío de nuestro corazón con algo o alguien, el mismo espacio vacío puede convertirse en algo sagrado por propio derecho. Tal vez, esta toma de consciencia se lleve a cabo solo después de que deje de pensar en el vacío como algo que deba ser llenado o escondido, y quizá pueda suceder solo cuando llegue a estar en paz con su vida tal como es. Lo mismo que los símbolos del espacio vacío se honran y celebran con frecuencia en los altares en forma de cáliz o cuenco. El espacio vacío es infinitamente valioso. En las enseñanzas del Tao, el espacio vacío en el centro de una rueda es lo que la hace útil. Esto puede aplicarse igualmente a una embarcación, una estancia e incluso a su corazón y a su mente. Conocido como lo femenino sagrado o energía *ying* en la filosofía china, representa el espíritu universal de la receptividad encarnada en la apertura acogedora de un lago o la vibrante potencialidad de un útero.

El camino de la sanación implica encontrar vías para honrar y explorar los espacios vacíos en su corazón y adueñarse de los sentimientos que no pudo permitirse sentir hasta ahora. Implica sentir la verdad y contactar con su herida, porque ese lugar de la herida en su corazón es el lugar donde puede suceder la sanación. En vez de ser algo aborrecible, esta herida se convierte en algo precioso: el corazón que fue abandonado en algún momento y careció de amor y compasión por parte de los demás o incluso de usted mismo. Puede aprender a permitir que los sentimientos que rechazó se conviertan de nuevo y de una vez en una parte suya abriéndose a ellos poco a poco y aceptándolos paulatinamente con benevolencia.

No tiene que hacer esto solo. Normalmente es mejor hacer este trabajo en la terapia o al menos con el apoyo de un amigo de confianza que haya atravesado este difícil camino. Por sí mismo puede empezar a integrar estos sentimientos a través de la meditación de la atención plena y de las prácticas de compasión por sí mismo, aunque de todos modos suele ser más práctico trabajar este proceso de sanación con alguien. La meditación no sustituye a la terapia, pero es un complemento de valor incalculable de esta. Del mismo modo, la terapia no puede sustituir a la meditación, pero puede apoyar y fortalecer su práctica.

Cuando pone una consciencia compasiva en el corazón herido, empieza a desvanecerse su "yo" basado en la narrativa y con el tiempo puede revelarse algo nuevo. A medida que se rinda a lo que es, podrá descubrir una totalidad que no pudo conocer mientras estaba evitando sus sentimientos y buscando llenar el vacío con algo o alguien distinto.

La historia de Karen

Karen, esposa, madre y profesora, tenía todo lo que se supone que puede hacer feliz y plena una vida, pero ella se sentía como si su vida fuera una especie de obra de teatro. Parecía que no tenía significado, propósito ni alegría. Se sentía en una especie de rompecabezas que no podía entender, por lo que finalmente dejó de intentarlo. Ella sabía que no era feliz, pero no tenía ninguna idea de qué hacer al respecto. En realidad, ni siquiera estaba segura de saber qué significaba ser feliz.

Estaba casada con un hombre amable, pero ella no estaba enamorada de él y ni siquiera estaba segura de qué significaba estar enamorada. Sentía que no había ninguna diferencia entre estar casada o no. No le gustaba su vida tal como la vivía, pero no sabía si realmente existía algo mejor. La mayor parte del tiempo era prisionera de lo que había que hacer y de lo que había hecho siempre, hasta tal punto que ni siquiera sabía cómo se sentía en cualquier asunto. Era muy hábil en satisfacer las expectativas de los demás, pero no sabía lo que quería para sí misma. La última vez que recordaba haber sido feliz fue cuando solo tenía cuatro años.

En su práctica de meditación, Karen empezó a explorar dónde y cuándo había perdido su inocencia y su capacidad para dónde y cuándo había perdido su inocencia y su capacidad para disfrutar. Recordaba haber vivido en un orfanato con otros muchos niños y haber sido cuidada por tres maravillosas mujeres cuando tenía cinco años. Un día, un hombre y una mujer acudieron de visita y estuvieron hablando con una de las "mamis" de Karen. Ella tenía un aspecto serio mientras hablaba con ellos, y de repente todos dejaron de hablar y miraron a Karen. Ellos sonrieron, pero Karen se sintió rara y cuando su cuidadora le pidió que saliera fuera a jugar, supo que estaban hablando de ella. Así que no salió, sino que permaneció escuchando detrás de la puerta. Recordaba todo como si fuera ayer. Escuchó que su cuidadora decía: «Es una niña deliciosa y la adoramos: sus canciones, sus bailes, su querida risa y su cariño entrañable. Es absolutamente una joya, pero me temo que hay algún problema con sus papeles».

Fue en ese momento cuando Karen perdió su inocencia. Todas las mujeres que la cuidaban en aquella enorme casa eran sus "mamis" y ella las quería y le gustaba vivir con ellas. Mientras escuchaba detrás de la puerta, pensó: «Si realmente me quieren me mantendrán aquí». Y con lo que había oído, supo que tenía algún poder para controlar su destino, supo lo que a ellos les gustaba y cómo complacerles. Desde entonces, su sonrisa y sus canciones ya no eran una simple expresión de alegría, aprendió a observar los ojos de los demás para ver si estaban contentos con ella. Ya no era inocente; se había convertido en una persona con un propósito. Incluso su risa se convirtió en otra actuación más, mientras aprendía a imaginar lo que los demás querían de ella y cómo dárselo. Desde aquel momento, su vida se centró en el propósito de obtener seguridad complaciendo a los demás, y esto fue lo que marcó cada una de sus decisiones.

Por qué agradar a los demás no funciona a la larga

Agradar a los demás para mantenernos seguros es exactamente uno de los patrones de personalidad creados por el "yo" condicionado o basado en la narrativa, pero es un patrón muy común. Muchos de nosotros podemos identificarnos con Karen. En un intento de dar a los demás lo que están buscando, empezamos a sentir cómo la vida es solo una serie de actuaciones preparadas para ajustarnos a las expectativas de los demás y hacerlos felices. Parece algo bueno, pero puede perder el contacto con lo que es a medida que intenta complacer a los demás. Y como esta clase de dar tiene un propósito, crea una expectativa que los demás valorarán, y lo querrán por lo que da. Desafortunadamente, los jefes, los compañeros de trabajo, las parejas, los hijos y otros miembros de la familia y amigos pueden consumir su generosidad sin pensar en corresponder, así que puede acabar sintiéndose herido, enfadado e infeliz (y más saturado de autocompasión) a medida que vive el fracaso y la decepción una y otra vez.

Si puede seguir el hilo de su propio proceso de autoconstrucción del "yo", podrá encontrar dentro de sí a un niño muy pequeño viviendo aún estrategias de autoprotección que construyó hace mucho tiempo. Está usted manteniendo uno de los extremos de este hilo en este mismo momento. Es la forma en que usted es, la forma en la que hace las cosas. Constituye su personalidad y tiene un estilo particular cuya finalidad es obtener o evitar algo significativo de los demás en su vida. Siga el hilo y descubrirá cómo ha creado esta sensación de "yo" que está viviendo hoy día. Pero este hilo es algo hilado por su propia narrativa interna; permanecer apegado a él no es ni inevitable ni algo de lo que no pueda escapar.

Cuando siga este hilo para ver cómo se desarrolla su narrativa, puede que se enfade. Tal vez sienta la necesidad de culpar a aquellos que se suponía que tenían que haberle cuidado mejor. Está bien. Esos momentos de cólera y dolor pueden ayudarle a recuperar los sentimientos con los que había perdido contacto. Dicho esto, es importante reconocer al principio de esta exploración interna que su finalidad no consiste en encontrar la culpa o localizar el reproche, sino solo entender mejor cómo llegó a sentirse incompleto y sin valor.

Por supuesto, existen fallos horribles por parte de los padres que dañan profundamente a los niños, y este tipo de heridas traumáticas generalmente se transmiten de generación en generación, hasta que alguien en la sucesión de inocentes heridos rompe la cadena y recorre el camino de la curación. Pero a menudo, aun a los padres que intentan hacer lo mejor por sus hijos les es muy difícil discernir el camino de en medio, el camino de no prestar ni demasiada ni poca atención. Los padres pueden fallar aun cuando intenten hacer lo correcto. Aquellos que se vieron desatendidos en la infancia tal vez tiendan a ahogar a sus hijos con demasiado amor, y aquellos que fueron abrumados siendo niños pueden caer fácilmente en ser demasiado distantes.

Las perspectivas budistas sobre el "yo"

Después de haber visto cómo surge el sentimiento de falta de autoestima por las influencias en el desarrollo infantil, exploraremos a continuación dicho sentimiento desde la perspectiva de la psicología budista. Cuando el Dalái Lama oyó por primera vez que los occidentales a menudo sienten una tremenda falta de valoración de sí mismos y autoestima, se quedó sorprendido e intrigado. Necesitó muchas explicaciones para entender esta maldición de la civilización occidental. Era difícil para él concebir el que pudiéramos sentirnos tan incompletos (Goleman, 2003).

En *Buddha's Brain*, Rick Hanson y Richard Mendius afirman que: «desde el punto de vista neurológico, el sentimiento cotidiano de ser un "yo" unificado es una absoluta ilusión: el "yo" aparentemente coherente y sólido está en realidad construido a partir de muchos subsistemas y sub-subsistemas a lo largo del desarrollo, con ningún centro fijo. La sensación fundamental de que existe un sujeto de experiencia está fabricada a partir de una miríada de momentos muy diversos de subjetividad» (2009, 211). Puede ser tentador pensar que el "yo" debe ser sus pensamientos, pero estos están siempre cambiando y son más bien arbitrarios. Es interesante que la psicología budista considere la mente como uno de los órganos de los sentidos. Lo mismo que la nariz huele, los ojos ven, la lengua saborea, los oídos oyen, y el cuerpo siente, la mente piensa. Esto es exactamente lo que hace: es una planta procesadora mental, pero no es usted. Tal vez es semejante al *hardware* y al *software*. Ser un ser humano significa que usted tiene un *hardware* que está equipado con el aparato compuesto de mente, cuerpo y sentidos, pero las lentes a través de las cuales se ve a sí mismo y al mundo es *software* que ha sido programado con autodefiniciones de quién piensa que es y que posteriormente ha sido reforzado por aquellas personas de su entorno. Esta definición esencialmente arbitraria depende de las experiencias de su primera infancia y ha sido perpetuada por la historia que se cuenta y las expectativas de los demás.

La psicología budista habla de esta confusión acerca del "yo" como algo semejante a contemplar una película y ser atrapado por el guión. Pero cuando se rompe, la realidad es un solo fotograma cada vez. Como a la mente le gusta la continuidad, utiliza su propia historia para unir las experiencias múltiples pero separadas del "yo" en una narrativa cohesionada. Pero un "yo" estable y fijo es una ilusión. De este modo, imponer una historia sobre la imperfección a su vida significa tomar una experiencia subjetiva del pasado y proyectarla al futuro.

Según la psicología budista, puede liberarse del sufrimiento y de las limitaciones del "yo" basado en una narrativa solo cuando se despierta de la ilusión que este "yo" crea. En palabras de Margaret Wheatley, citadas al principio de este capítulo, este despertar le permite «romper el sello [y] darse cuenta de algo nuevo» (1999, 1). Le libera de la historia que le mantiene atrapado en una sensación restrictiva del "yo", y solo entonces puede superar el "yo" que ha creado. A medida que vaya construyendo la práctica de la meditación de la atención plena, desarrollará una visión penetrante del proceder de su mente que le permitirá deconstruir su imagen del "yo" condicionado. El dolor, la cólera o la sensación de minusvalía que siente, e incluso la personalidad que va en pos de la satisfacción de sus anhelos, es solo el resultado de su programación temprana. No es usted. Su totalidad y conexión profunda a todos los demás seres vivos siempre ha estado presente. Solo que usted se ha visto atrapado en otras cosas y no podía verlo.

La psicología budista considera la ignorancia como la fuente de todo sufrimiento. Y de todas las formas de ignorancia, considera que el pensamiento de que usted es un "yo" separado es el primero y el peor de los tipos de ignorancia. Es la fuente definitiva, de entre todas las trampas de la mente, de avidez y miedo. El antídoto es la práctica de la atención plena, que le permite ser testigo del ir y venir de los pensamientos y de las emociones y reconocer cómo usted crea un sentimiento de imperfección del "yo" a través de una narrativa personal de pensamientos y emociones centrados en "yo", "mí" o "mío". Llegará a ver cómo crea una sensación de incompetencia a través de pensamientos como "desearía ser una mejor persona", "simplemente no pertenezco a ningún lugar" o "¿qué es lo que está mal en mí?".

Creerse la ficción de la existencia de un "yo" estable y que no cambia es la mayor trampa para someterse a emociones destructivas, y a menudo es la de más difícil liberación. Al principio, la toma de consciencia de que el "yo" en su historia no es sino una elaboración de su propia mente puede ser más que desorientadora, por no decir perturbadora. Pero si puede continuar con ello, investigándolo, descubrirá que esta comprensión interior es extremadamente liberadora y que puede cambiar por completo su meditación y la forma de ser en el mundo. Cuando deje partir su apego a un "yo" separado y fijo, empezará a saborear la verdadera libertad. Para que empiece su viaje de sanación, concluiremos este capítulo con una meditación que puede ayudarle a aprender a vivir en el presente.

Práctica de la atención plena: meditación sobre la respiración

Si es principiante en la meditación, nos gustaría ofrecerle algunas indicaciones generales sobre la posición del cuerpo y otros aspectos físicos de la práctica. Generalmente es preferible sentarse, pero también puede permanecer tumbado si es capaz de permanecer alerta, y puede incluso permanecer de pie si lo prefiere. En cualquier posición, mantenga su cabeza, el cuello y el cuerpo suficientemente alineados. Si se sienta, intente alguna postura que se sostenga por sí misma, en lugar de apoyarse en un respaldo de silla, y asegúrese de que sus piernas puedan descansar confortablemente, sin precisar tensión muscular para mantenerlas en su lugar. Encuentre un lugar en el que pueda poner las manos. Intente un camino de en medio, no demasiado tenso ni demasiado relajado, una posición en la que pueda estar cómodo y alerta durante toda la práctica. Siéntase libre de mantener los ojos cerrados o parcialmente abiertos, lo que le sea más fácil. Si mantiene los ojos parcialmente abiertos, su mirada sería más hacia dentro o en lo que se esté concentrando, en lugar de hacia afuera, donde puede quedar perdido en lo que está viendo. Si descubre que está durmiéndose, quizá desee abrir los ojos y levantarse.

La respiración es un excelente centro de atención para la práctica de la atención plena. Su respiración siempre está ahí, siempre yendo y viniendo. También es algo que está disponible en cualquier momento y en cualquier lugar.

Dese 10 o 15 minutos para esta práctica.

Empiece llevando la atención a la respiración a ambos orificios nasales o a su vientre; allí donde la sienta con más claridad. Cuando inspire, sea consciente de la inspiración, y cuando espire, sea consciente de la espiración. Deje que la respiración venga y vaya de una forma natural y normal. Permita que la sensación sentida de la respiración yendo y viniendo sea su forma de estar presente durante toda la duración de la inspiración y de la espiración. Permítase ser...

No hay necesidad de visualizar nada ni de regular la respiración de ninguna manera. No hay necesidad de tener que pensar en algo o en unas palabras o frases de ninguna clase. Simplemente sea consciente de la inspiración y espiración, sin juicio, sin luchar. Simplemente contemple las ondas de la respiración y el flujo como olas en el mar.

Reconozca los momentos inevitables en los que su atención vagabundea y se evade de la respiración. Cuando esto suceda, no se critique ni se culpe. Simplemente reconozca hacia dónde se marchó, tal vez al futuro o al pasado o le distrajo alguna especie de juicio. Tan solo vuelva a la respiración una y otra vez, cada vez que la deje.

No hay nada que obtener, nada que perseguir, nada que hacer, sino simplemente sentarse y estar donde está, siendo consciente de su respiración y viendo su vida en cada inspiración y en cada espiración a la vez... Cuando llegue al final de esta meditación, apréciese y dese las gracias a sí mismo por haberse dado este regalo de atención plena.

Saborear este viaje

En este capítulo aprendió una práctica básica de la atención plena: la meditación en la respiración. Esta es una forma poderosa de enraizarse en el presente. Recuerde que su respiración siempre está ahí, siempre disponible como una forma de traerle de vuelta al aquí y ahora. Recomendamos encarecidamente practicar a diario la respiración de la atención plena, y hacer de ella una práctica para toda la vida. Intente hacer unos pocos minutos de respiración de atención plena antes incluso de levantarse de la cama por la mañana, como una forma de establecer el tono de su día y establecer una intención para vivir con una atención plena. Centrándose en la respiración puede también proporcionarse una cierta calma en momentos de dificultad. En cualquier momento que usted se sienta estresado, disgustado o abrumado por pensamientos o emociones difíciles, haga una pausa para llevar a cabo unas pocas respiraciones conscientes. Esto le creará un poco de espacio y le permitirá escoger una forma diferente de responder a la situación.

2. Elegir cómo mirar las cosas

> Si te entristeces con algo externo, no es eso lo que te
> apesadumbra, sino tu dictamen sobre eso. Está en tu mano
> eliminarlo en cualquier momento.
>
> Marco Aurelio

Cuando el marido de Cristina la abandonó por una mujer más joven, se desplomó su autoestima. Cuando se ponía frente al espejo pensaba que era gorda y fea; odiaba su rostro, su pelo y todo su aspecto. Sentía como si hubiese regresado al bachillerato de nuevo, cuando era baja, llevaba gafas gruesas, aparato en los dientes y tenía un pavor absoluto ante cualquier chico del colegio. «No es extraño que él la eligiera», lloraba. «Soy horrible y aburrida.» Estuvo avergonzándose así durante meses y meses.

Después se enteró de que su marido se había acostado con otras muchas mujeres mientras estaba casado con ella y de que también estaba ya engañando a su nueva pareja. De repente entendió que su infidelidad no tenía nada que ver con ella; tenía que ver con él, con su adicción compulsiva al sexo que le había estado escondiendo durante años. Seguía siendo terrible el sufrimiento por la pérdida de su matrimonio, pero se dio cuenta de que todos los juicios de condena y culpa que se aplicaba no tenían ninguna justificación y únicamente le servían para aumentar su sufrimiento. A medida que fue abandonando el peso de la vergüenza, se sorprendió al descubrir que en realidad se compadecía de su marido por haberla perdido a ella: ya era un llanto muy diferente al de la autocompasión y la autocondena por haberlo perdido a él. Su matrimonio estaba perdido, pero se había recuperado a sí misma y había iniciado el camino de la curación.

Los pensamientos y las emociones constituyen las piedras angulares de la historia de imperfección con la que se identifica. Después de que un pensamiento sobre sí se incrusta en su mente, filtra sus percepciones a través de las gafas mágicas de la interpretación, asegurándose de ver únicamente lo que ya cree de sí mismo. No tiene que ser ni siquiera remotamente verdad; tan solo tiene que creerlo. Como consecuencia, un pensamiento del tipo "soy imperfecto y no merezco amor" puede convertirse en el postulado fundamental alrededor del cual construye su mundo.

Los pensamientos y las emociones están profundamente conectados. A veces, los pensamientos suscitan emociones, y, a veces, las emociones suscitan pensamientos. Los pensamientos críticos pueden crear sentimientos de culpabilidad. Los sentimientos de culpabilidad pueden llevarle a pensamientos de autoculpabilización. No importa que uno preceda o siga al otro;

al final, cierta combinación de pensamientos y sentimientos proporcionan los materiales de construcción para edificar su sentido del "yo". Usted fabrica su vida, su mundo, su cielo y su infierno con estas cosas amorfas y pasajeras llamadas pensamientos y sentimientos, pero… ¿qué son en realidad? No poseen una verdad ni una sustancia inherente, pero usted los utiliza para crear todo lo que considera bueno o malo, correcto o equivocado, con valor o sin valor. No puede agarrarlos con la mano, a pesar de que su mano puede sudar por su causa. No tienen peso, pero pueden volverse tan pesados que le aplasten hasta inmovilizarlo. En este capítulo examinaremos el papel de los pensamientos y las emociones en la creación de un "yo" condicionado que se mantiene separado de todo el mundo.

Los pensamientos que construyen el sentimiento de deficiencia del "yo"

Los pensamientos son símbolos mentales del mundo interior y del mundo que nos rodea. Son útiles para representar el mundo, pero pueden crear un enorme sufrimiento cuando asumimos que son indiscutibles. No lo son. Lo mismo que Cristina, todos nosotros tenemos la capacidad de hacernos completamente infelices con pensamientos que no tienen nada que ver con la realidad. Puede parecer extraño, pero atribuir juicios e interpretaciones inexactas (que son solo pensamientos) a nuestra experiencia es un pensamiento humano frecuente y universal.

La realidad es relativa

Habitualmente no vemos lo que está frente a nosotros; vemos nuestras interpretaciones de lo que está frente a nosotros. Estas interpretaciones transforman nuestras percepciones para que se ajusten a nuestras creencias y expectativas. En esencia, vemos el mundo como pensamos que es. De este modo, una mujer hermosa que está llena de juicios negativos sobre sí misma puede mirarse al espejo y ver a alguien horrible que está mirándola por detrás. ¿De qué color son las gafas a través de las cuales miramos? Cualesquiera que sean, todo su mundo se teñirá de ese color.

La atención plena puede ayudarle a investigar cómo mira las cosas, y en particular cómo se mira a sí mismo. Cuando sea testigo de su forma de pensar sobre sí mismo, adquirirá algunas claves sobre cómo sus pensamientos están conformando su concepto de sí mismo. Descubrirá que determinados guiones predominan en su narrativa personal. Esté especialmente alerta a frases que empiecen con "Yo siempre" o "Yo nunca". Estas habitualmente indican que está tan solo reforzando un importante elemento de su historia del "yo".

La consciencia de la atención plena le ayudará a desconectar todo este proceso de piloto automático y a investigar cómo piensa y, en consecuencia, cómo se percibe. A su debido tiempo llegará a ver que sus pensamientos no representan necesariamente la realidad, sino que pueden de hecho estar construyéndola. Resultará que la realidad es relativa. El mundo y todo lo que contiene, incluyendo su propio sentido de sí mismo, se transforma en función de cómo lo contempla.

Determinados pensamientos conducen a emociones predecibles; es un proceso que nos resulta conocido a todos. Si está
presente un pensamiento de benevolencia, se produce la felicidad. Si está presente un pensamiento de autoculpabilización, se
produce la culpabilidad. Los pensamientos son los cimientos
de muchas aflicciones mentales, incluida una sensación permanente de falta de valor; por ello es importante reconocer los
patrones de pensamiento que crean el sufrimiento en nuestras
vidas. La llave consiste en encontrar una perspectiva mediante
la cual pueda convertir los mismos pensamientos en un objeto
de consciencia y desconectarlos del piloto automático. Una vez
que ya no está arrodillándose ante el altar del pensamiento, estas representaciones arbitrarias y caprichosas de la realidad ya
no pueden gobernar su vida. Perderán su poder para arrastrarle
a la infelicidad.

Los psicólogos actuales de Occidente han desarrollado inter-
venciones para resolver los problemas con el "yo", utilizando
técnicas, como investigar la forma en que pensamos, y habilidades de aprendizaje para cambiar el pensamiento disfuncional.
La psicología budista también reconoce que los pensamientos
crean sufrimiento, pero en lugar de trabajar para cambiar los
pensamientos, este enfoque considera que el acto de ser testigo
de los pensamientos sin verse atrapado por ellos es una forma
efectiva de disipar su poder. La parte de usted que contempla
los pensamientos como testigo está separada y es distinta de
las interpretaciones autolimitantes y, por tanto, no está definida
por ellos. Es uno de los regalos más válidos de la consciencia

de atención plena. El siguiente ejercicio le ayudará a desarrollar la capacidad de ser testigo de sus pensamientos y a reconocerlos sin considerarlos como verdad o reflexiones exactas de la realidad.

Ejercicio: investigar los pensamientos y dejarlos estar

Llegados a este punto, debería estar claro que: no tiene por qué morder el anzuelo de todas sus interpretaciones. No tiene por qué creer todos sus pensamientos. La próxima vez que se sienta incompetente o sin valía, haga unas pocas respiraciones de atención plena y después utilice la siguiente técnica para observar más de cerca algún pensamiento que está alimentando estos sentimientos.

Considere si este pensamiento es verdad o incluso pertinente, y advierta cómo le hace sentir emocionalmente el creer en él.

Dese cuenta de cómo creer en dicho pensamiento le hace sentir físicamente. Durante cinco minutos aproximadamente intente permanecer con sus sensaciones físicas. Cada vez que su mente torne a ese pensamiento o a pensamientos relacionados con él, vuelva a poner su atención de nuevo en las sensaciones, incluidas las sensaciones incómodas. Centre su consciencia en el cuerpo y simplemente deje estar los pensamientos.

Mientras permanece enraizado en su cuerpo y en las sensaciones del aquí y ahora, vuélvase conscientemente hacia el pensamiento. Pregúntese: «¿Cómo me sentiría si simplemente dejase este pensamiento en cuanto surja? ¿Cómo me sentiría si dejo a este pensamiento ir y venir sin involucrarme en él?».

Pregúntese: «¿Qué es lo que dentro de mí está pidiendo aceptación y compasión?». Permanezca el tiempo que quiera con esta pregunta.

Tómese algo de tiempo para escribir en su diario sobre lo que ha descubierto con esta práctica, explorando cómo se siente cuando se contempla como testigo con amabilidad en lugar de con sentido de crítica.

Esta técnica es simple, pero poderosa, para trabajar con los pensamientos y puede borrar las interpretaciones distorsionadas que suele utilizar para crear su sentido del "yo". Hacer de los pensamientos en sí mismos el objeto de la consciencia, puede socavar el poder de los pensamientos de autoculpabilización y vergüenza de sí. Puede utilizar esta técnica con otro tipo de pensamientos. A medida que la practique se sorprenderá al descubrir cuántas cosas piensa que cree que sabe y que realmente no sabe con certeza.

Juzgar

De toda la increíble gama de pensamientos posibles, los juicios negativos sobre nosotros mismos y los demás son uno de los favoritos de la mente. Es como si el cerebro humano tuviese una glándula hiperactiva que segrega juicios, exactamente lo mismo que la glándula adrenal segrega adrenalina. Los juicios negativos y reactivos pueden surgir instantáneamente y sobre casi cualquier cosa. A veces se centran casi exclusivamente en sí mismo, y a veces casi exclusivamente en los demás.

Ejercicio: investigar los juicios

Si permite que los juicios críticos permanezcan sin ser examinados, pueden llegar a ocupar muchos de sus pensamientos y emociones, e incluso de sus sueños. Pero si los examina, descubrirá temas repetitivos que están conectados con los acontecimientos de los primeros años de su vida y comprobará que incluso sus juicios sobre los demás están frecuentemente enraizados en el juicio que hace de sí o en acontecimientos que sucedieron al principio de su vida, a veces cuando era usted muy niño. Es una buena práctica cuestionar todos sus juicios, y este ejercicio le ayudará a hacer exactamente esto. Dese aproximadamente 30 minutos para el siguiente ejercicio.

Pase al menos cinco minutos practicando la respiración de la atención plena.

A continuación, mire si puede recordar un juicio intenso que haya tenido sobre sí o sobre cualquier otra persona en los últimos días.

A medida que se adentre en el juicio, dese cuenta de si existe algún componente físico, algo que sienta en su propio cuerpo. Emplee al menos cinco minutos en investigar qué siente su cuerpo mientras reflexiona sobre este juicio.

¿Qué pensamientos acompañan al juicio? ¿Hubo algo automático en la forma en que surgió? Por ejemplo, ¿fue el juicio una reacción a algo o a alguien? Pase al menos cinco minutos investigando los pensamientos que surgen en relación a dicho juicio.

¿Cuáles son las emociones que acompañan al juicio? Por ejemplo, algunos juicios pueden suscitar cólera, mientras que otros evocan vergüenza e incluso algunos evocan compasión. Pase al menos cinco minutos investigando las emociones que surgen en relación a este juicio.

Dese cuenta de que la parte de usted que está investigando este juicio no está juzgando nada; está simplemente observando sensaciones corporales, pensamientos y emociones con una curiosidad desapasionada.

Considere ahora si este tipo de juicio ha surgido antes: ¿surge con frecuencia? Si es así, ¿tiene alguna intuición de por qué tiene esta reacción tan intensa y automática? ¿Le aísla de los demás o le hace sentir más conectado? ¿Puede sentir de dónde procede? Pase al menos cinco minutos reflexionando sobre las asociaciones anteriores relacionadas con este juicio.

Tómese algo de tiempo para escribir en su diario sobre lo que le sobrevino cuando investigaba sus juicios. ¿Qué clases de sensaciones físicas y emociones estaban asociadas con los diferentes juicios? ¿Descubrió alguna asociación entre juicios y acontecimientos de los primeros años de su vida?

También puede investigar los juicios en el mismo momento. Intente este ejercicio la próxima vez que se encuentre teniendo una reacción fuertemente crítica hacia alguien. Vea si puede darse cuenta de qué sucede en su cuerpo, cómo se siente su cuerpo. Ahora imagine que está inclinándose hacia la otra persona con su dedo índice apuntándole y con un gesto tenso y malvado en su cara (a veces puede que se vea a sí mismo atrapado sin darse cuenta de esta postura). Advierta que cuando señala a otros tiene otros tres dedos apuntando hacia sí mismo. Regrese hacia usted e investigue cómo este juicio hacia otra persona tiene que ver algo con usted. Muchos pensamientos críticos sobre los demás tienen su origen en acontecimientos dolorosos de los primeros años de la vida. Esta clase de juicios requieren una profunda investigación personal.

La historia de Mike

Durante la mayor parte de su vida, Mike había sentido una fuerte aversión hacia la cólera y era muy crítico con la gente que se enfadaba, especialmente cuando su enfado saturaba su entorno. Esto supuso un problema en su matrimonio, porque su esposa había recuperado el poder y la soberanía que había perdido en la infancia a través de su cólera. Para ella, el enfado era algo bueno, pero para Mike era algo malo, y una de las pocas cosas que provocaban su propio enfado en sus relaciones.

Una tarde que estaba enojándose de nuevo con ella por estar enfadada decidió darse una ducha en lugar de escuchar los pensamientos críticos y coléricos que estaba teniendo. Sentir el agua cálida en su cuerpo lo apartó de su diálogo mental crítico y lo transportó a su "yo" inmediato del aquí y ahora y de ahí a sus propios sentimientos. Decidió investigar su enfado reactivo con más profundidad y, a medida que los sentimientos que subyacían bajo su cólera empezaron a emerger, comenzó a sentirse realmente asustado y triste. Sumergiéndose en ese miedo prorrumpió en terror e indefensión y se desvaneció en el suelo de la ducha, abrumado por un sentimiento de horror que no había sentido desde que tenía 10 años. Se había abierto una vía en su corazón, y los sentimientos que había reprimido durante años para evitar la cólera empezaron a desbordarle mientras su corazón se desgarraba aún más.

Recordó estar en otra ducha, siendo niño, y al oír a sus padres a través de la puerta gritando y rompiendo cosas, algo que hacían con frecuencia con una terrible crueldad y violencia, se sintió indefenso y vulnerable. Habían pasado décadas desde esos acontecimientos, sin embargo empezó a sollozar.

Él siempre había intentado que sus padres se contuviesen, pero su voz de niño pequeño era ahogada por el escándalo grosero de ellos. Nunca se detenían y en su rabia se herían profundamente entre sí, y también herían a Mike. Se puso a llorar en la ducha, y su viejo terror explotó como un volcán desde su núcleo más profundo; entonces se dio cuenta de que ese era el lugar de donde partían sus juicios sobre la cólera. Su corazón se llenó de compasión y amor por el niño que había sido herido en aquellas batallas y desde aquel lugar salió a buscar a su esposa para hacerle saber lo que había aprendido. Se prometió a sí mismo mantener siempre presente esta comprensión profunda y aprender a honrar la rabia de ella. Entonces lloraron juntos.

Desactivar los juicios

Los juicios son como bombas que pueden ser detonadas por los acontecimientos de la vida: imagine que está en una tienda de comestibles y ve que una madre enfadada le da a su hija una patada en la pierna, y la niña parece humillada cuando ve que usted la está mirando. Imagine que alguien le corta el paso en un cruce y usted se queda atascado en medio de un semáforo mientras que esa persona continúa conduciendo. Imagine un escenario en el que su esposa le critica por cómo hace usted la limpieza de la casa. Este tipo de hechos pueden detonar severos juicios y cólera.

Los juicios negativos pueden explotar en su mente en cualquier momento y superarle con una especie de sensación de estar abrumado, con un desbordamiento emocional y juicios condenatorios de los demás o de uno mismo. El cuerpo se contrae, aumenta la presión sanguínea y la respiración se agita en el pecho y se hace superficial y rápida. Se ha disparado la respuesta "luchar o huir" y le inunda un impulso urgente de decir o hacer algo. En esos momentos, pueden salir de improvisto de la boca palabras de las que uno se arrepiente e insultar a los demás o incluso a uno mismo. Muchos tenemos detonadores extremadamente débiles cuando hechos desencadenantes del mismo tipo vuelven a ocurrir una y otra vez; nuestras reacciones pueden ser entonces como bombas que explotan casi de inmediato.

Las bombas con las mechas más cortas normalmente se encuentran en las relaciones con los demás. Los políticos y los desconocidos en medio del tráfico suelen ser una fuente común de pequeñas reacciones frecuentes que van y vienen como los fuegos artificiales. Pero nuestras relaciones amorosas pueden desencadenar reacciones explosivas que pueden crear un enorme sufrimiento durante años. Las palabras dichas sin cuidado pueden herir profundamente y dejar cicatrices que nunca desaparecen. Como las relaciones amorosas son tan íntimas, tienen la capacidad de suscitar reacciones emocionales que están ligadas a acontecimientos interpersonales dramáticos tempranos. Esta es una de las razones por las que estas relaciones abundan en proyecciones. Las proyecciones son mecanismos de defensa del ego que operan mayoritariamente de forma inconsciente y causan a las relaciones cotidianas heridas emocionales que provienen de relaciones íntimas anteriores, como su madre, su padre o su primer amor. Aunque habitualmente no somos conscientes de nuestras proyecciones, podemos aprender mucho sobre ellas si estamos dispuestos a investigar nuestros juicios reactivos con la intención de desactivarlos.

Ejercicio: desactivar los juicios

Esta práctica le ayudará a mejorar su capacidad de desactivar los juicios poniendo consciencia y compasión en los sentimientos de aversión. Contactar voluntariamente con los sentimientos difíciles es parte inseparable del desarrollo de esta habilidad. Sin embargo, si esta exploración de atención plena le resulta demasiado perturbadora, vuelva a sentir su respiración en el estómago. Esta es la base a la que puede volver a lo largo de todo el ejercicio hasta que se sienta enraizado; entonces puede acudir a los sentimientos difíciles una y otra vez e intentar estar con ellos. Advierta que desactivar un juicio no significa liberarse de él; significa neutralizarlo o eliminar su aguijón.

Siéntese cómodamente y empiece llevando su atención a la respiración que va y viene en su vientre. Si lo prefiere, co-

loque una mano en el vientre y sienta cómo sube con la inspiración y cómo baja con la espiración. Continúe con esta
práctica tanto tiempo como necesite antes de proseguir.

Recuerde el juicio que exploró en el ejercicio anterior o
cualquier otro juicio que no haya explorado y calmado. En
primer lugar, advierta a qué o quién estaba usted juzgando.
Dese cuenta de los pensamientos y emociones reactivas conectadas con el juicio, incluyendo cualquier historia, creencia
o recuerdo que emerja. ¿Qué es lo que está juzgando de ese
suceso y de las personas implicadas en él? Esté preparado
y acepte las emociones que surjan en esta exploración, y
responda a esos sentimientos con amabilidad y compasión
por sí mismo. Note que esos sentimientos y recuerdos están
conectados con el juicio, aunque estén separados de él.

Sienta las sensaciones corporales vinculadas con los
recuerdos y las emociones que surgieron cuando estaba
reflexionando sobre su juicio, y retroceda y avance entre
esas sensaciones y los pensamientos y emociones unas
cuantas veces. Note la diferencia entre las creaciones
mentales (pensamientos, emociones, recuerdos) y las creaciones sensoriales (experiencias de visión, sonido, tacto,
olor y gusto). De este modo puede utilizar el cuerpo para
enraizarse en el aquí y ahora y desactivar los pensamientos
y emociones difíciles eliminando parte de su carga.

A continuación, desplace el foco de atención que tenía
puesto en el juicio y en los fenómenos mentales y físicos asociados con él y emplee unos minutos en reflexionar sobre la

parte de usted que acaba de explorar esos estados mentales, emocionales y físicos: una parte de su consciencia
a la que puede considerar como una percatación que es
observadora y testigo. Advierta que la parte de usted que
es consciente de juzgar es curiosa, pero no es en sí misma
crítica. La consciencia puede darse cuenta de que está
juzgando y de los fenómenos físicos y mentales asociados
con ese juicio, pero sin verse atrapada en ellos. A medida
que reflexione sobre esta toma de consciencia, advierta
si su corazón se ablanda de alguna forma y se siente un
poco menos crítico.

Desde esta perspectiva puede dirigir amor y compasión
hacia sí mismo, con independencia de lo que le surja en
esta reflexión de atención plena. Puede también expandir su compasión y su benevolencia hacia cualquiera que
haya estado juzgando. ¿Cuáles son las palabras y los gestos
que le gustaría ofrecerse a sí mismo para cualquier dolor o
infelicidad que surja? ¿Qué le diría a alguien que quiere y
que estuviera sintiéndose de esta forma?

Advierta qué sucede en su cuerpo y en su mente cuando ofrece estas expresiones de compasión y benevolencia.
Ponga atención a lo que le surja física, mental y emocionalmente, y busque las conexiones entre los acontecimientos
mentales y sus contrapartidas emocionales o físicas. Por
ejemplo, la compasión por sí mismo puede crear un sentimiento de alivio en el pecho, o el perdonarse a sí mismo
puede permitir que el vientre se afloje.

Vuelva a la respiración consciente, poniendo su atención plena en cómo esta va y viene en su vientre durante unos pocos minutos antes de concluir este ejercicio.

Tómese algo de tiempo para escribir en su diario los pensamientos y sentimientos que experimentó en este ejercicio. Escriba sus reflexiones sobre las preguntas planteadas anteriormente con el mayor detalle. Ponga una atención particular en los juicios reactivos y en cualquier asociación que puedan tener con su pasado, así como en cualquier sensación asociada con el juicio en el que estaba trabajando. ¿Qué palabras de autocompasión y de benevolencia le surgieron en este ejercicio? ¿Cómo cambiaron estas sensaciones asociadas a los juicios cuando se dijo a sí mismo palabras amorosas y de compasión?

La sabiduría crece a partir de esta clase de consciencia de "una piedra eliminada" cultivada a través de esta práctica. Ciertamente, el simple hecho de nombrar una cosa ("juicios") constituye un paso poderoso para desactivarlo. A veces, nuestros pensamientos y sentimientos crean juicios reactivos simplemente porque nos negamos a reconocerlos o sentirlos.

Rumiar

En ocasiones no son los pensamientos los que crean tantas dificultades; es el pensar en sí mismo. Y aun en este caso, no es que ese pensar sobre algo que le incomoda sea algo malo por sí mismo; es simplemente que a veces una vez que la mente se pone en marcha es difícil detenerla. Este tipo de pensamiento repetitivo, o de rumiar, es un problema común. La mayoría de nosotros hemos tenido esta experiencia cuando intentábamos dormir la víspera de un acontecimiento. Puede convertirse en una característica definitoria y central para aquellas personas con una sensación de falta de autoestima, así como en trastornos mentales como la ansiedad, la depresión y el trastorno obsesivo compulsivo. Cuando las vacas rumian, regurgitan la hierba que comieron anteriormente y la mastican de nuevo; según nuestros amigos granjeros, huele terriblemente mal. Esto puede parecer asqueroso, pero es lo mismo que hacemos cuando rumiamos (quizá esto explica por qué el rumiar se llama a veces "pensamiento basura"). Pero no solo el rumiar no nos alimenta, tenemos el problema añadido de hacer un refrito una y otra vez de lo que ya sucedió. Incluso rumiamos sobre aquello que no sucedió o que podría haber o no sucedido. El rumiar puede crear un enorme sufrimiento.

Aprender a ser consciente de los pensamientos en lugar de ser seducido inconscientemente por la creencia de que usted es sus pensamientos es una forma de rumiar. Tómese unos momentos para observar en silencio cómo actúa su mente y simplemente dígase a sí mismo: «¡Oh! eso es un pensamiento, este es otro pensamiento y ese es otro pensamiento». A continuación, dé un paso más y pregúntese: «¿Quién está siendo testigo de estos pensamientos? ¿Quién está observando su ir y venir?». Estos simples recursos constituyen la base de las prácticas de atención plena que pueden fortalecer enormemente su capacidad de prestar atención a lo que está pensando sin identificarse con los pensamientos, con el "yo" que los pensamientos crean, o ni siquiera con el mismo acto de pensar. Le ayudarán a refinar la consciencia que es testigo de los pensamientos, pero no está definida por ellos. Los pensamientos suceden. Con la consciencia de la atención plena puede dejarlos suceder y no verse atrapado por ellos.

Las emociones que construyen la identidad de deficiencia

Todos los seres humanos tienen emociones y ninguna de ellas es beneficiosa ni destructiva en sí misma. Sin embargo, al igual que ocurre con los pensamientos, podemos crear mucho sufrimiento según cómo respondamos a nuestras emociones. El Evangelio gnóstico de Tomás cita a Jesús diciendo: «Dar a luz lo que tenéis dentro de vosotros os salvará. Si no dais a luz lo que tenéis en vuestro interior, eso que no sacáis os destruirá» (45:29-33). Ciertamente esto ocurre con las emociones, que pueden volverse destructivas cuando las reprimimos. Sin embargo, esas mismas emociones pueden convertirse en una fuente de curación cuando nos permitimos sentirlas y les damos expresión, aun cuando sean desagradables. Debemos encontrar una forma de sentir nuestro enfado, nuestro miedo, nuestra vergüenza, y todos los demás sentimientos que nos son difíciles de expresar. Ello requiere una de las actitudes fundamentales de la atención plena: estar presente ante esos sentimientos (y pensamientos) que no nos gustan ni deseamos, y aceptarlos. Esto no quiere decir que nos sometamos pasivamente a las emociones difíciles permitiendo que nos desborden o desborden a los demás; significa sostenerlas con la paciencia, la compasión y la aceptación nutridas por la meditación de la atención plena.

Desde la más tierna infancia aprendimos cuáles eran los sentimientos que los demás preferían que nosotros sintiéramos y expresáramos y cuáles había que descartar. Si sus padres no podían tolerar su enfado, probablemente aprendió a bloquearlo y a ahogarlo. Si no podían reconocer su miedo, su dolor o incluso su excitación, tal vez los evitó o se cerró también a estas emociones. A veces, simplemente nombrar una emoción difícil la desactiva y nos ayuda a gestionarla de una forma más constructiva. Inténtelo y compruébelo. Cuando surja una emoción, dígase a sí mismo: «es simplemente miedo [tristeza, cólera, duelo, vergüenza, culpabilidad, soledad, confusión, rabia, hostilidad o cualquier otra cosa]. Es simplemente una emoción desagradable». Recuérdese que esas emociones son universales y que se han sentido en todas las culturas a lo largo de la historia, incluidos los bebés.

Como ocurre con los pensamientos, la clave respecto a las emociones consiste en sentirlas y reconocerlas, sin alimentarlas ni expulsarlas, identificarnos con ellas sin dejar que nos desborden. La meditación de la atención plena es inmensamente útil en estos casos. Puede ayudarle a conocer los patrones habituales mediante los cuales usted intenta evitar una variada gama de cosas, incluidas las emociones dolorosas. También le ayuda a desarrollar la capacidad de acoger y permitir las emociones que ha intentado evitar. Esto es importante, ya que las emociones desempeñan un papel fundamental en cómo nos sentimos con nosotros mismos y cómo nos conectamos con los demás; además pueden también reconvertir totalmente los pensamientos en la ecuación pensamiento-emoción de incapacidad.

Con atención plena y autocompasión puede aprender a dejar que las emociones vengan y se vayan, reconociéndolas simplemente como agradables, desagradables o neutrales. Aunque no le gusten o no las desee, debe encontrar alguna forma de sentirlas y dejarlas estar. Si las ahoga o las niega durante suficiente tiempo, pueden convertirse en algo que le consuma y cree mucho sufrimiento en su vida. Al igual que con los pensamientos, la atención plena le ayudará a verlas simplemente como emociones, como una parte de su consciencia, pero no de toda su consciencia. Es importante aprender a regular las emociones difíciles, pero solo puede hacerlo afrontándolas y permaneciendo con ellas el tiempo suficiente para conocerlas con más profundidad. Con el tiempo, las emociones difíciles simplemente se convierten en cólera, miedo o vergüenza, en lugar de ser un hilo biográfico que define quién es usted. Cuando las permite existir, las emociones van y vienen. En capítulos posteriores, le proporcionaremos herramientas y recursos para ayudarle a entender, integrar y regular las emociones difíciles.

Parte de la comprensión de las emociones consiste en observarlas cuando surgen. Pueden ser desencadenadas por pensamientos o percepciones, pero a veces no parecen tener una causa clara y obvia. Otro aspecto de comprender las emociones consiste en prestar atención a cómo nos afectan. Algunas emociones parecen aferrarse a la mente o al cuerpo durante muchos años; por ejemplo, el miedo o el resentimiento a los padres o hacia una pareja que le traicionó.

Ejercicio: vivir las emociones en el cuerpo

Si observa atentamente sus estados emocionales, descubrirá que a menudo desencadenan sensaciones en su cuerpo. Algunas de estas sensaciones son universales. Por ejemplo, el enfado energetiza las manos y los brazos para prepararnos a luchar, y el miedo envía sangre a las piernas para prepararnos para la huida (Dalái Lama y Ekman, 2008). Algunas respuestas físicas son más idiosincráticas, como sonrojarse cuando estamos confundidos o avergonzados, o nos sudan las manos o tenemos los pies fríos cuando nos asustamos. Uno de los rasgos principales de las emociones es su firma física, que puede informar a los demás sobre cómo nos estamos sintiendo. Esto nos permite crear conexiones entre nosotros (o no) basándonos en las emociones que leemos en los rostros de los demás y sentimos en su presencia.

Siéntese cómodamente y empiece dirigiendo su atención plena a la respiración en el vientre, permitiendo que la respiración fluya de un modo normal y natural. Permanezca presente con su respiración hasta que se sienta plenamente enraizado en el aquí y ahora.

Expanda su atención hasta sentir el cuerpo como una totalidad, desde lo alto de la cabeza hasta la punta de los dedos de los pies. Mientras permanece en contacto con su cuerpo, recuerde una de las emociones menos difíciles partiendo del ejercicio de desactivación de los juicios del capítulo anterior, junto con las historias y creencias asociadas con esa emoción. Advierta lo que sucede en el cuerpo a medida que vaya sintiendo esa emoción. Simplemente siga meditando lo mejor que pueda con esa sensación, con curiosidad y compasión. Pase al menos cinco minutos con esta indagación.

Deje que partan estas reflexiones y vuelva a la percatación de la respiración en su vientre, permaneciendo presente y permitiéndose ser. A partir de este lugar, amplíe su agradecimiento a sí mismo por haberse implicado en esta exploración de atención plena. Extienda también la autocompasión por cualquier pensamiento o sentimiento difícil que haya emergido, colocando su mano en cualquier parte del cuerpo que resonase con la emoción y sosteniéndose con benevolencia.

Tómese un tiempo para escribir en su diario sobre lo que experimentó en este ejercicio. ¿Qué sensaciones físicas se asociaron con la emoción que exploró? ¿Cómo la emoción y las sensaciones relacionadas con ella cambiaron a medida que amplió la compasión hacia sí mismo? Puede trabajar de esta forma con todas las emociones y sensaciones difíciles cada vez que surjan. Los descubrimientos que haga pueden ayudarle a responder en lugar de reaccionar la próxima vez que se encuentre atrapado en emociones intensas.

Sentir sus emociones

Muchas personas descubren que centrarse en las sensaciones físicas conectadas con emociones difíciles les ayuda a desactivarlas y a integrarlas poco a poco. Sin embargo, es importante darse cuenta de que integrar y regular las emociones difíciles puede ser un proceso a largo plazo que implica un desafío y que exige mucha paciencia y autocompasión. Dese mucho tiempo y espacio para este trabajo.

Sea también consciente de que las emociones pueden empujarle a acciones que son condicionadas y automáticas, y estas reacciones automáticas constituyen con frecuencia la mayor causa de sufrimiento de su vida y de la vida de las personas que lo rodean. Un problema añadido es que las emociones suelen surgir antes de que pueda darse cuenta de que están surgiendo. Normalmente, se dará cuenta de la emoción cuando ya esté en ella. Además, una vez que se halle atrapado en una emoción es probable que solo se dé cuenta de todas las cosas que apoyan esa emoción y borra todas aquellas que no la apoyan.

Por eso es tan útil explorar cómo vive las emociones en su cuerpo, siguiendo las pautas del ejercicio anterior. Las sensaciones que están conectadas con las emociones pueden convertirse en una señal de estar atrapado en una emoción antes de reaccionar automáticamente a ella; de este modo puede llevar su atención e intención a responder a la señal emocional a voluntad. El saber que la contracción de su mandíbula es señal de que puede estar enfadado le puede ayudar a contenerse y reflexionar antes de actuar. Quizá no pueda intervenir antes de sentir la intensidad de la emoción, pero empleando la atención plena y la autocompasión puede aprender a responder a las emociones con habilidad, en lugar de reaccionar a ellas automáticamente. Una cita muy repetida describe sucintamente esta dinámica: «Entre el estímulo y la respuesta existe un espacio. En ese espacio reside nuestra libertad y poder de escoger una respuesta» (Pattakos, 2008, viii). La atención plena es el espacio entre el estímulo y la respuesta que le permite tomar decisiones de una forma más consciente y deliberada cuando siente emociones intensas.

Estados de ánimo

Las emociones intensas que son desencadenadas una y otra vez, ya sea por un acontecimiento repetido o por el hecho de rumiarlo, pueden convertirse en un estado de ánimo persistente. A veces, los estados de ánimo duran solo unas pocas horas, pero en otras ocasiones podemos estar atrapados en un estado de ánimo durante días o incluso más tiempo, y algunas personas pueden tener más propensión a ello. Si usted mantiene un estado de ánimo mucho tiempo, puede colorear su vida con tonos tan intensos que tapen cualquier nueva información opuesta a lo que espera. Por ejemplo, las parejas de recién casados en un estado de ánimo exultante pueden virtualmente verse inundados de retrasos y veleidades en su luna de miel que les aboquen a riñas exasperantes.

Una de las diferencias entre las emociones y los estados de ánimo consiste en que usted puede normalmente averiguar lo que desencadenó una emoción, pero no puede saber qué es lo que creó su estado de ánimo. Al fin y al cabo, no todas las parejas de recién casados se encuentran exultantes; algunas se sorprenden al verse ansiosas y pensativas, pero no pueden entender por qué se sienten así. Esto sucede porque los estados de ánimo restringen nuestro acceso al conocimiento del pasado, de modo que tenemos dificultad para dar entrada a una nueva información que no refuerza y valida lo que estamos sintiendo. Por ejemplo, una recién casada que esté preocupada puede ver a su marido disfrutar y preguntarse al mismo tiempo «¿por qué está tan contento?».

Si vive usted con un estado de ánimo determinado suficiente tiempo, este puede cristalizar en un hilo biográfico o en un rasgo de carácter que le identifica y llegar creer, por ejemplo: «soy una persona infeliz e impopular, y nadie se interesa por mí». Esto puede ser simplemente una historia sobre sí mismo que usted se cree, aunque no tenga nada que ver con quién es usted realmente. Por ejemplo, uno de los amigos más populares y digno de amor de Winnie the Pooh, el burro Eeyore, está atrapado en un estado de ánimo sombrío y de desaliento que se ha convertido en su actitud hacia la vida. Se cree totalmente el guión de que nadie se preocupa por él, a pesar de que todos los que lo rodean lo adoran.

Mecanismos emocionales establecidos

El Dalái Lama afirma que la felicidad no es una característica física, sino algo que puede cultivarse por medio del entrenamiento mental (Dalái Lama y Cutler, 1998). Esta afirmación, que procede de su propio compromiso profundo con la práctica de la meditación y de la compasión, se ha transmitido a lo largo del tiempo en las enseñanzas del budismo y también ha sido comprobada por la neurociencia contemporánea. Todos tenemos mecanismos emocionales establecidos. Son una especie de marcas termostáticas de nuestras emociones. Estas intervienen cuando una persona se ve superada por una emoción como la cólera o la felicidad y determinan el grado de intensidad de la reacción emocional y su duración.

Aunque estos mecanismos establecidos pueden considerarse relativamente estables a lo largo de la vida de una persona, Richard Davidson, uno de los neurocientíficos pioneros en la investigación de las emociones, ha descubierto que la práctica de la meditación puede inducir cambios beneficiosos y duraderos en el cerebro, incluida la modificación de estas señales emocionales establecidas (Davidson, 2009). De hecho, pueden cambiarse positivamente estos mecanismos establecidos con las prácticas de la atención plena y de la compasión en tan solo ocho semanas. En otras palabras, sus mecanismos establecidos en el cerebro respecto a la felicidad (o cualquier otra emoción) dependen de usted. En la misma línea, un estudio que está llevándose a cabo actualmente por investigadores de Harvard está documentando correlaciones significativas y positivas entre los sentimientos de felicidad y vivir en el aquí y ahora. Cuanto más se centran los sujetos del estudio en el momento presente, más felices se sienten, y cuanto más vaga su mente, más infelices se sienten (Killingsworth y Gilbert, 2010). ¿No es maravilloso que la ciencia moderna esté validando lo que la antigua psicología budista ha promocionado durante 2.500 años?

La profecía autocumplida

Una vez que haya creado usted un sentido limitado y limitador del "yo" a partir de emociones intensas como la vergüenza, buscará formas de recrear estas emociones para mantener esa identidad. A esto Paul Ekman (Dalái Lama y Ekman, 2008) lo ha llamado elaboración de un guión emocional, y esto explica hasta qué punto las experiencias emocionales profundas de la infancia pueden ser como un guión de una obra que usted se impone repetidamente en las experiencias de su vida. Tomemos la historia de Mike como ejemplo; él imponía su guión emocional de terror e indefensión en sus relaciones amorosas desde su paso por la universidad, un guión que suscitaba sentimientos de inadecuación, indefensión e inseguridad. De este modo, durante todos estos años, cada vez que su esposa se enfadaba vivía los mismos sentimientos que le suscitaban la conducta de sus padres, y reaccionaba como si ella fuera peligrosa y fuera a herirlo.

Este tipo de situaciones es lo que se llama profecía autocumplida. Pero la llame como la llame, es una de las formas en que creamos y recreamos las historias que vivimos. Podemos hacerlo con cualquiera de nuestras emociones y estados de ánimo. Por ejemplo, tal vez llegue a la conclusión de que usted por naturaleza no es digno de amor y, en consecuencia, decidir no arriesgarse a exponer a los demás su supuesto carácter imperfecto y vacío por miedo a ser rechazado. Así que, para compensar les presenta una versión mejorada, pero falsa, de usted. Sin embargo, este tipo de actuación y ocultación hace que usted probablemente nunca conecte a fondo con nadie, porque nadie puede ver ni estar con quien usted es en realidad. Como una rata en un laberinto, puede recorrer el mismo camino relación tras relación y, tras muchos años de hacerlo, considerar este patrón como una prueba irrefutable de que usted sin duda alguna no es digno de amor.

De este modo, una vez que adopta una identidad de deficiencia, sus pensamientos y percepciones pueden alimentar el sufrimiento asociado al sentimiento de no ser digno. Las emociones se convierten en llamas que surgen de los pensamientos de ser imperfecto y dan lugar a pensamientos y acciones que pueden definir su vida. En un sentido, su vida proporciona el vehículo a sus expectativas, y le lleva exactamente allí donde piensa que debe ir. Si su vehículo vital fuese un gran globo de aire caliente, podría inyectar pensamientos de incompetencia a su alto horno emocional que bombearía el abrasador calor de la vergüenza, expandiendo e inflando el globo de su ego dañado. Así alza el vuelo un sentido del "yo" separado de todo el mundo. En la medida en que usted utilice esos pensamientos para alimentar el horno continuará avivando las llamas del sufrimiento. Su sentido dañado del "yo" se elevará cada vez más alto en los vientos que le impulsan al mismo desastre una y otra vez, hasta que sepa más allá de cualquier sombra de duda que no hay nada de terriblemente malo en su interior. En el caso de aquellos que luchan con un sentimiento de falta de autoestima, la máxima de Descartes sería: «Pienso, luego sufro».

El precio de la evitación

Hemos explorado cómo nos perdemos en pensamientos y emociones por vernos superados o identificarnos con ellos, pero una de las formas más onerosas de crear sufrimiento es trabar los pensamientos y los sentimientos en el inconsciente. En el lenguaje de la psicología, esto constituye un mecanismo de defensa del ego que se conoce como "represión", que significa "hacer inconsciente". Tanto los pensamientos como los sentimientos pueden volverse venenosos si usted los ahoga y los hunde en la oscuridad, sin que la mente los explore, pero lo más frecuente es que sean las emociones perturbadoras las que intentamos prohibir. Pueden desaparecer de su percatación consciente, pero no pueden desaparecer de su actitud inconsciente hacia la vida y, por ello, pueden estar siempre disponibles como base de la sensación de falta de valía e incompetencia.

Para sanar este sufrimiento debe encontrar una forma de investigar esta oscuridad, los lugares sombríos, y después reintegrar gradualmente los pensamientos y los sentimientos desterrados de su personalidad. En los grupos de terapia se dice que: «solo está tan enfermo como sus secretos». Se refiere al valor de expresar su verdad y confesar sus secretos, a sí mismo como mínimo, y al menos a una persona si puede.

Parte de la psicoterapia está construida sobre la base de la comprensión de que la represión es una causa primaria de la psicopatología (una palabra que literalmente significa "sufrimiento del alma"). La depresión, la ansiedad, la fobia, la adicción y los pensamientos y sentimientos no deseados. Por ejemplo, suele considerarse la depresión a modo de un sustituto de los sentimientos más dolorosos, como el enfado. A veces se dice que la depresión es un enfado vuelto hacia dentro. Por terrible que una depresión u otras formas de psicopatología puedan ser de sentir o vivir, quizá las prefiramos a los sentimientos de vergüenza, horror o terror que ocultan.

Explorar las sombras

Para sanar el "yo" inepto y falto de autoestima, tendrá que encontrar las cosas que ha rechazado y ahogado en la sombra. Tanto la psicoterapia como la meditación le ayudan a volver consciente el inconsciente, poniendo la luz del darse cuenta y de la compasión en los lugares oscuros y escondidos de la mente y el corazón. Puede aprender a escudriñar su propia sombra y a permanecer con los gérmenes de la vergüenza y de la ineptitud con compasión y aceptación de sí mismo. A su debido tiempo podrá aprender a aceptar las partes de sí de las que durante mucho tiempo no se ha apropiado, porque le parecían demasiado horribles y difíciles de aceptar. Por supuesto, es una tarea difícil, pero es fundamental si tiene que dejar caer el fardo de sentimientos como la vergüenza, la ineptitud y la falta de autoestima. Ni siquiera tiene que buscar estas reprimidas experiencias internas por medio de la meditación o de la terapia; si les da un poco de espacio, consciencia y receptividad, las cosas que ha estado evitando emergerán a la superficie por sí mismas.

Tenga en mente que las emociones, incluidos los sentimientos como la vergüenza y la autoculpabilización, no desaparecen cuando las reprime. Simplemente son relegadas al inconsciente –su sombra–, donde se enconan, se vuelven tóxicas y crean problemas psicológicos, e incluso enfermedades físicas. Esto puede convertirse en una espiral hacia abajo, porque estos problemas sirven para distraerle más aún de los sentimientos que necesita sentir.

La única forma de liberarse de estos trastornos mentales y corporales consiste en centrarse en la causa fundamental: los sentimientos que ha estado intentando evitar. El camino de la curación implica sentir estas emociones bloqueadas y rechazadas, reconocerlas y aprender a convivir con ellas y a dejarlas ser. Con el tiempo, aprenderá a seguir su corazón y aceptar las cosas tal como son, incluidas las experiencias internas difíciles como pensamientos y emociones.

Atender a los pensamientos y emociones

Nosotros, los humanos, tendemos a identificarnos con tantas cosas: nuestro nombre, nuestra profesión, nuestras propiedades, lo que hemos hecho, los lugares donde hemos estado, las cosas que nos sucedieron; y la lista podría continuar. Es importante recordar que todos estos aspectos ven el "yo" como algo en relación con muchas otras cosas, pero descuidan la perspectiva más importante de todas: que usted existe solo en este momento.

Hemos estado considerando las formas en que puede crearse un "yo" inadecuado para que pueda llegar a entender este "yo" y sus orígenes. Es muy útil comprender de algún modo por qué usted es como es, pero más útil aún es considerar lo que está haciendo ahora y en cada momento sucesivo de su vida. Esta es la facultad mental que le permitirá observar el telar mental en el que está tejiendo su vida en este mismo instante. Esta consciencia es la luz que puede iluminar y disipar las historias que se repite a sí mismo y que le hacen sentir sin valía. Esto es esencial para desidentificarse del "yo" basado en la narrativa y construir la paz y la felicidad que han estado siempre en su interior. A veces, solo podemos reconocer quiénes somos realmente cuando podemos tomar nota de quiénes no somos.

Práctica de la atención plena: observar

Esta práctica ya consagrada por la tradición le ayudará a desarrollar la habilidad para reconocer lo que está sucediendo en su cuerpo y en su mente cuando medita. La clave consiste en hacer sus constataciones extremadamente breves a fin de no verse atrapado en el proceso pensante de analizar la actividad física o mental. Tan pronto como advierta lo que experimenta, reconózcalo y vuelva a la respiración de la atención plena.

Esta es una práctica que puede utilizar en cualquier momento en que esté meditando, sobre todo cuando advierta que la mente está muy activa. A veces se dará cuenta de los pensamientos y los sentimientos sobre lo que a usted le gusta y lo que no, o lo que quiere y lo que no. Simplemente reconózcalos con la palabra "juzgando". En otras ocasiones, puede tener sentimientos de apego, en cuyo caso puede reconocer "apegándome". Otros pensamientos y emociones le llevarán a la aversión, en cuyo caso podría reconocer "repulsión" o "aversión". Deje que estas experiencias internas vayan y vengan como quieran, y déjelas ser. En los momentos en que usted sea testigo y advierta los juicios, los deseos y las aversiones, y los permita ir y venir, ya no estará controlado por ellos y no podrán seguir hilando el espejismo de la falta de autoestima. De esta forma, el darse cuenta le proporciona una pequeña distancia de los estados mentales insanos, que le ayudará a liberarse de ellos.

La intención de esta práctica no es la de investigar activamente los estados mentales, sino la de sentarse en silencio y observar lo que surge. Si no surge nada, simplemente permanezca con la respiración como un ancla en el momento presente. Dese aproximadamente 30 minutos para esta práctica. Escoja un lugar para meditar en el que se sienta seguro y cómodo y no vaya a ser molestado. Apague su teléfono o cualquier otro aparato electrónico. Puede ayudarle el informar a su familia de que está meditando o poner un cartel de "no molesten" en su puerta.

Siéntese cómodamente e instálese en la atención plena a la respiración hasta que se sienta totalmente presente, dejando que su respiración venga y vaya de una forma normal y natural.

Mientras permanece en contacto con la respiración, expanda su consciencia para observar su estado físico. Advierta las sensaciones que surgen y desaparecen, y reconózcalas con una simple frase, como "dolor de espalda" o "mandíbulas tensas". Si una sensación es extremadamente desagradable, cambie de postura si esto le ayuda; en caso contrario, simplemente advierta las sensaciones físicas, déjelas estar y permanezca centrado en la respiración. Permanezca con la consciencia de los estados físicos durante aproximadamente 5 minutos.

Siguiendo en contacto con la respiración, lleve su atención a los pensamientos, observándolos y dejándolos ser. El reconocimiento puede ser tan simple como "pensando" si quiere, o puede advertir algo más específico como "planificando" o "preocupándose". Que resulte sencillo. Cuanto más complicado o analítico se vuelva más probabilidades tendrá de estar completamente inmerso en el proceso de pensar. Permanezca en la consciencia de los pensamientos durante aproximadamente 5 minutos.

Siguiendo en contacto con la respiración, vuelva su atención a las emociones, simplemente sintiéndolas y dejándolas ser. Una vez más, que resulte simple. Puede elegir utilizar reconocimientos muy amplios, como "agradable, desagradable o neutrales", o puede ser más específico con etiquetas como "tristeza" o "paz". Permanezca con la consciencia de las emociones durante 5 minutos. Concluya volviendo a la respiración y a la práctica de la atención plena de la respiración durante 10 minutos.

Dese algo de tiempo para escribir en su diario sobre lo que ha experimentado en esta meditación. Haga una lista de las palabras que utilizó para anotar aquello de lo que fue testigo en esta práctica; escriba cómo esta forma de ser testigo "a un paso de distancia" de los estados mentales y emocionales influyó en sus reacciones ante los pensamientos y emociones concretos. Cuando practicaba, ¿tuvo algunos pensamientos que habitualmente lo sumen en el caos? ¿Advirtió si el darse cuenta cambiaba su reacción típica ante ellos?

A medida que se haga más incondicional del darse cuenta le resultará más fácil. Con el tiempo, esta práctica le ayudará a llegar a reconocer que esas sensaciones, emociones y esos pensamientos no son permanentes. Van y vienen, y no son usted. Al igual que con los otros aprendizajes, el darse cuenta aumenta con la práctica. Continúe, pues, trabajando con ello formal e informalmente. Puede ser una herramienta muy poderosa para desactivar los hábitos mentales destructivos.

Saborear este viaje

En este capítulo ha aprendido otra práctica esencial de atención plena: observar. Observar y reconocer activamente su experiencia, incluyendo los estados mentales y emocionales, proporciona la comprensión profunda y liberadora de que usted no es sus pensamientos o emociones, y que puede ser testigo de estas experiencias efímeras, momento a momento, desde la orientación mucho más amplia de la atención plena. Le animamos a practicar a menudo la observación durante las próximas semanas. Una vez que haya practicado el observar formalmente durante un tiempo, se convertirá en una forma más natural y arraigada de ver su mundo y relacionarse con él, y en una forma de no tomarse tan seriamente a sí mismo, ni tampoco sus juicios sobre sí.

3. Crear una práctica de atención plena

¿Qué pueden ofrecerle que sea más valioso que el ahora,
empezar aquí, en esta misma estancia,
cuando está volviendo atrás?

WILLIAM STAFFORD

En el capítulo 1, expusimos cómo se desarrolla un sentimiento de falta de adaptación desde la perspectiva de la psicología occidental; también exploramos la psicología budista que considera todos los conceptos de un "yo" separado como una falacia. En el capítulo 2, consideramos la naturaleza de los pensamientos y de las emociones y cómo pueden alimentar una sensación o un sentimiento de ser imperfecto. En este capítulo, empezaremos a considerar más de cerca la atención plena y cómo aplicarla en sus circunstancias. Consideramos que la atención plena es una de las bases del trabajo con los sentimientos de falta de autoestima a la hora de transformarlos. Aportará la luz de la consciencia a la oscuridad y los lugares no reconocidos de su psique para ayudarle a resolver las historias autolimitadoras sobre quién es usted, de forma que pueda empezar a vivir con más libertad y compasión por sí mismo.

¿Qué es la atención plena?

La atención plena es una antigua práctica que implica fundamentalmente ser un observador objetivo y sin juicios de lo que surja en el instante. El monje y académico budista Bhikkhu Analayo, que escribió una traducción comentada de los cuatro fundamentos de la atención plena, dice: «El propósito de *sati* [atención plena] es únicamente hacer las cosas conscientes, no eliminarlas» (Analayo, 2003, 58). Como la meditación de la atención plena se centra en comprender las raíces del sufrimiento y vivir una mayor libertad, se considera una forma de meditación de introspección (las prácticas budistas para obtener visión interior en la naturaleza de la realidad). El propósito no es concretamente la relajación o la visualización.

La esencia de la práctica de la atención plena consiste en una indagación profunda sobre cómo trabaja la mente, para identificar las causas del sufrimiento y vivir con más paz y felicidad. A medida que vaya comprendiendo lo que alimenta sus sensaciones de ineptitud, vergüenza o de falta de autoestima, se sentirá mejor. Dicho brevemente, la práctica de la atención plena puede ayudarle a liberarse de todo lo que le esclaviza por apegarse, aborrecer o pura inconsciencia. Desempeña un papel extremadamente importante en el desarrollo mental, ya que le proporciona la capacidad de mirar hacia atrás y contemplar la mente con claridad, sin distorsiones ni falsos conceptos. Es como ser un espectador que está al mismo tiempo actuando, de una forma objetiva y no reactiva, en lugar de ser un actor atrapado en cumplir un guión. Al observarse a sí mismo de esta forma, puede empezar a reconocer sus viejas reacciones habituales y aprender a responder a los acontecimientos fácilmente y con más habilidad.

Estas cualidades de la atención plena ilustran su validez para aliviar sus sentimientos de deficiencia o de falta de autoestima. El antiguo texto budista *Dhammapada* dice: «La mente es la precursora de todas las […] condiciones. La mente es el jefe y se crea a sí misma» (Narada Thera, 2004, pág. 1). Por ello, la psicología budista pone el énfasis en la importancia de la intención o volición, puesto que estas se consideran la semilla de todas las conductas y las que conforman todos sus pensamientos, palabras o acciones. Si sus intenciones son bondadosas, los resultados serán beneficiosos. A la inversa, si no son bondadosas, los resultados no serán beneficiosos. Desde este punto de vista, usted es el arquitecto de su propio cielo y de su propio infierno a través de sus propias intenciones. Estas son buenas noticias, porque significa que usted posee un gran potencial para el cambio positivo. La atención plena puede desempeñar un papel significativo en su propio bienestar psicológico o físico al ayudarle a "echar un vistazo" a los patrones inconscientes que impulsan sus acciones: un primer paso necesario para hacer cambios.

La atención plena como camino de vida

La atención plena es una forma de aprender a relacionarse directamente con su vida en lugar de relacionarse con los prejuicios que tiene sobre la vida. Ninguna otra persona puede hacer este trabajo por usted. Como dice un antiguo dicho de los círculos de meditación de la atención plena: «Usted no puede respirar por mis fosas nasales ni "yo" puedo respirar por las suyas».

Tal vez dude acerca de si es capaz de hacer este trabajo. Le aseguramos que puede. La atención plena no es algo que tiene que conseguir, ni siquiera aprender, porque ya está dentro de usted. Es simplemente una cuestión de acceder a ella haciéndose presente. Aquí reside una verdad simple pero profunda: en el momento en que usted se da cuenta de no estar presente, ya está presente de nuevo. De este modo, puede volver a estar plenamente atento una y otra vez. La atención plena está siempre así de disponible.

En un sentido más amplio, la atención plena es una manera de vivir que puede manifestarse de dos formas: a través de la práctica formal, y a través de la práctica informal. La práctica formal significa tomarse deliberadamente un tiempo cada día, con el fin de tener un período preciso para sentarse, tenderse o incluso estar de pie y practicar determinados métodos de meditación. Introduciremos algunas prácticas formales en este libro, incluyendo la respiración plenamente consciente, el escaneo corporal, la meditación de la atención plena y la meditación de la benevolencia. Le animamos a hacer algún tipo de práctica formal durante 45 minutos cada día, pero si no puede disponer de tanto tiempo, 30 o 15 minutos están bien. Incluso un minuto de atención plena puede sin duda alguna ser beneficioso. Haga lo mejor que pueda y, aunque practique mucho, considérelo como un increíble regalo que se está dando a sí mismo, algo que nadie más puede darle.

Las prácticas informales de atención plena implican llevar el darse cuenta plenamente consciente a todas las actividades de su vida cotidiana, simplemente estando atento a las tareas y experiencias de cada día. Todos hemos oído ese consejo de que hay que vivir la vida día a día. La atención plena significa tomar la vida instante a instante. A fin y al cabo, puesto que realmente solo vive en cada momento, ¿por qué no estar totalmente presente? Puede estar totalmente atento cuando se lava los dientes, lava los platos, pasea, trabaja, habla, come, hace la colada, pasa el tiempo con familiares o amigos o cualquier otra cosa que haga.

Quizá, ahora, empiece a preocuparse de tener que pasar un período de dificultad al tener que estar totalmente atento en cada momento de su vida diaria. Esas dificultades son inevitables y no hay ninguna razón para juzgarse a sí mismo incompetente o imperfecto. Sepa que esto le sucede a todo el mundo, incluso a los practicantes más experimentados de la atención plena. La clave consiste en practicar con bondad, y cuando se dé cuenta de que no ha estado presente, reconozca que no hay nada que pueda hacer respecto a lo que ya ha sucedido.

Por el contrario, tan solo empiece de nuevo en ese momento y esté presente y abierto a todas las posibilidades. Edward Espe Brown, sacerdote y autor Zen, lo expresa con sencillez en su poema «No estar a la altura» (2009):

> Ahora me tomo el tiempo
> para pelar patatas, lavar lechuga,
> hervir remolachas, limpiar suelos
> limpiar retretes y vaciar cubos de basura.
> Absorto en lo cotidiano
> me tomo el tiempo para liberarme y relajarme,
> para invitar al cuerpo, mente,
> respiración, pensamiento e impulso salvaje
> a unirse, a deleitarse en la tarea.
> Sin perder el tiempo en pensar
> que cualquier otro lugar es mejor.
> Sin perder el tiempo imaginando
> que podría estar mejor en cualquier otro lugar.
> Imposible afirmar que este momento
> no está a la altura.
> Pásame la espátula:
> es el momento de saborear lo que es.

Existe una tendencia muy humana a perderse en pensamientos sobre el pasado o el futuro. Y aunque estos pensamientos sean positivos, cuando estamos ocupados pensando sobre el pasado o el futuro, estamos perdiendo la vida misma. Quizá haya advertido que no está muy presente en su vida, instante a instante. Quizá está ensayando lo que está planificando hacer, con la esperanza de que esto le ayudará a actuar mejor y sentirse más válido, o tal vez está reconsiderando lo que ha hecho y pensando cómo podría haberlo hecho mejor. En cualquier caso, se está perdiendo lo que está sucediendo ahora mismo.

Cuando se hace más plenamente consciente y se permite estar de lleno en el presente, poco a poco va ampliando su experiencia de vida y aprende a estar consigo mismo con curiosidad y compasión, reconocimiento y aceptando todos los aspectos de sí mismo y de su experiencia, lo bueno, lo malo, lo feo, en sus sensaciones físicas, pensamientos y emociones. También ampliará poco a poco ese espacio crítico entre el estímulo y la respuesta, permitiéndose escoger su respuesta, en lugar de reaccionar como lo hace habitualmente.

La atención plena le proporciona más opciones sobre cómo actuar cuando se siente provocado, permitiéndole responder en lugar de reaccionar hacia sentimientos de imperfección. Cuando usted reacciona al estrés, cae en viejas reacciones reflejas inconscientes. Cuando responde, es plenamente consciente de que está experimentando estrés y ve que tiene la opción de hacer algo más constructivo. Esto le permite escapar de la trampa de los patrones habituales que continúan alimentando sentimientos de vergüenza y falta de autoestima.

Practicar la atención plena

Practicar la atención plena es estar aquí y ahora deliberadamente, sin luchar y sin juzgar. Estar aquí en este momento revela lo precioso que es, aunque no sea más que porque cada momento que pasa nunca volverá de nuevo. Este momento, y este momento, y este momento: aquí es donde vive… o no. Habitualmente no utilizamos la frase "tener el mejor momento de mi vida" excepto cuando las cosas están yendo estupendamente, pero en realidad cada momento es realmente el momento de su vida. Puede juzgarlo como positivo o negativo, agradable o desagradable, pero el hecho es que este momento es todo lo que en realidad tiene.

Práctica de la atención plena: cultivar la amplitud

Dese cuenta de que al cultivar la atención plena, se está dando un regalo de amor a sí mismo. Para apoyar su práctica y el tiempo e intenciones que invierte en ella, dese otro regalo: un espacio dedicado a su práctica. Encuentre un lugar en su casa en el que crear un espacio tranquilo y despejado, libre de distracciones que puedan sacarle de su interior: los sonidos, los aparatos, las numerosas cosas que con tanta frecuencia parecen pedir atención. Mientras se crea este espacio para sí, reflexione sobre cómo sentarse a meditar es ya una forma de despejar un espacio en su mente y sentarse en su interior. Eso es lo que le permite ser testigo de cualquier cosa que entre en ese espacio momento a momento. Una vez que haya limpiado el espacio para sí, la siguiente práctica le ayudará a limpiar algo de espacio en su mente. Dese unos 20 minutos para la siguiente práctica.

Empiece llevando la atención a su respiración utilizando la sensación de la respiración que va y viene desde el vientre o fosas nasales como herramienta para estar presente. Deje que su respiración fluya de manera natural practicando la respiración consciente durante 10 minutos.

Ahora dese cuenta de cómo sus pensamientos y las sensaciones de la respiración van y vienen, y que puede quedar atrapado en ambos o no. La consciencia de atención plena es el espacio mental en el que puede reconocer cómo van y vienen las sensaciones, los pensamientos y las emociones. Es como un cielo en el que los acontecimientos mentales y físicos que ocurren dentro de usted son las nubes que aparecen, evolucionan y desaparecen. No tiene que hacer nada con estos acontecimientos pasajeros. Simplemente observe cómo van y vienen. Si se ve atrapado en alguno de los acontecimientos del pasado, limítese a darse cuenta, déjelo estar y vuelva su atención al cielo totalmente abierto de la consciencia. Esté presente...

Siéntese dentro de este espacio de consciencia durante 10 minutos o más tiempo si lo desea. Cuando esté preparado, agradézcase por esta práctica de la atención plena y por crear este espacio abierto de tranquilidad en el que puede simplemente ser y observar.

Dese algún tiempo para escribir en su diario lo que ha descubierto. ¿Cómo fue estar en este cielo abierto de atención plena y dejar los "sistemas meteorológicos" del cuerpo y la mente ir y venir? ¿Se dio cuenta y experimentó cómo los sentimientos de vergüenza o incompetencia no son permanentes y cambian continuamente?

Contar un lugar tranquilo y despejado para practicar es de gran ayuda. Sin embargo, puede ponerse a meditar en esta atención plena totalmente abierta en cualquier lugar y ser testigo de cómo surgen y se desvanecen las sensaciones, los pensamientos y las emociones. En ese espacio interno puede observar cómo todos estos fenómenos son transitorios, incluyendo sus propias historias, sus problemas y todas las cosas que teme, a las que se apega, las que anhela o de las que se arrepiente. Dese cuenta de cómo todo este desfile atraviesa simplemente este espacio y cómo puede observarlo sin unirse a él. Es así como transciende la identidad de falta de autoestima de la que ha sido su propio autor en toda su larga historia consigo mismo. Es el espacio en el que puede percatarse de todo esto y convertirse en algo nuevo.

La historia de Joe

Joe, fontanero de mediana edad, frecuentemente perdía los papeles en su trabajo, y como consecuencia había perdido muchos clientes. Cuando clientes anteriores no volvían a contratar sus servicios se deprimía y se culpabilizaba: «¡Si fuera un poco más paciente! ¡Si fuera capaz simplemente de cerrar la boca! ¡Soy tan endemoniadamente estúpido». Había caído en este proceso muchas veces y, con el paso de los años, había creado una transitada selva de autocrítica, culpa y dolor. Después de años de recorrer este mismo camino y de no haber llegado a ningún lado, excepto a un condenarse cada vez más, Joe se dio cuenta de que necesitaba cambiar algo. Un amigo le recomendó un programa de reducción del estrés basado en la atención plena (MBSR), y decidió con cierta resistencia probar. En poco tiempo, se convirtió en un incondicional de este enfoque, ya que la atención plena le ayudó a reconocer esos impulsos que le eran tan familiares de reacción y cólera.

A medida que fue practicando el permanecer con esos sentimientos y reconocerlos, empezó a darse cuenta de que sin duda podía elegir, de que podía responder con más habilidad a las frustraciones. También fue plenamente consciente de cómo estaba su cuerpo cuando se enfadaba y se dio cuenta de que soportaba mucha tensión muscular. Aquí también comprobó que tenía elección, de que podía soltar gran parte de esa tensión y que, cuando lo hacía, se sentía mejor físicamente.

Cuando profundizó en su práctica, empezó a comprender lo que alimentaba su impaciencia y su frustración. Al explorar su cólera, durante la meditación, recordó viejos sentimientos de no haber sido nunca capaz de hacer algo bueno o válido a los ojos de su padre y cómo esto le hizo creer que era irremediablemente incompetente. A medida que empezó a desvanecerse este sentimiento de no ser suficientemente válido, Joe descubrió que tenía más paciencia. Esto le proporcionó el espacio para responder a situaciones de estrés de una manera plenamente consciente y le ayudó a tolerar las frustraciones y los contratiempos. Supo que todavía tenía por delante un largo camino por recorrer, pero sintió claramente que estaba en la buena dirección.

Las bases actitudinales de la atención plena

Hasta aquí le hemos ofrecido pequeñas prácticas de meditación centradas en la respiración y en darse cuenta de las sensaciones físicas, los pensamientos y las emociones. En breve le introduciremos en el escaneo corporal, una práctica formal más larga. Cuando empiece a profundizar en la práctica del escaneo corporal, será importante cultivar ciertas cualidades esenciales para la meditación de la atención plena. Las ocho actitudes descritas a continuación son sus fundamentos esenciales; proporcionan una forma de contener, investigar y trabajar cualquier cosa que surja en su práctica y en su vida diaria. Cultivarlas hará más profunda su atención plena, y, aunque son cruciales para cualquiera, tienen una especial relevancia para liberarse de sus sentimientos de tener defectos o ser indigno, como expondremos a continuación.

• **La mente del principiante.** Este es un estado de ánimo que contempla la experiencia del momento a momento de una forma nueva. Respecto a sentirse imperfecto, le abre la puerta de verse a sí mismo de una forma diferente en lugar de permanecer atrapado en el "yo" basado en la narrativa. Esto le libera para poder salir de las formas viejas y condicionadas de relacionarse consigo mismo y con los demás.

• **El no juicio.** Esta actitud aporta una sensación de imparcialidad y apertura a cualquier experiencia, incluyendo cómo se vive a sí mismo. Al practicar el no juicio puede empezar a liberarse de los sentimientos de ser menos o más que los demás. El no juicio le ayuda a ver que todos estamos intentando vivir nuestra vida lo mejor que podemos y que todos hemos sido heridos y hemos herido a otras personas, normalmente por falta de consciencia y por miedo.

• **La no lucha.** Esta cualidad le permite estar donde está. Muchas personas pasan gran parte de su vida buscando ciertas experiencias o evitándolas, caminos ambos de huida de lo que está justamente delante de nosotros. La no lucha puede ayudarle a liberarse de las punzadas que produce el querer ser de algún modo diferente y permitirse ser quien es con un corazón abierto y lleno de curiosidad.

• **Reconocimiento.** Reconocer es validar su experiencia directa. La puerta a la curación del "yo" devaluado reside en la capacidad de observar y ver las cosas tal cual son.

- **Dejar ser.** Dejar ser es un estado de ecuanimidad mental que permite que las cosas sean tal y como son. Es el precursor de dejar partir las cosas que no sirven para su bienestar. Cuando empieza a reconocer todo lo que siente, descubre que atravesarlo consiste en cabalgar las olas de lo que es.
- **Confianza en sí mismo.** Significa confiar en su experiencia directa en el momento. A medida que aumenta la confianza en sí aumenta su seguridad, lo cual le ayuda a liberarse de las definiciones limitadas y limitadoras de sí mismo.
- **Compasión por sí mismo.** Este es el mayor elixir para un corazón que se ha endurecido contra sí. La autocompasión consiste en abrirse con bondad y ternura, en lugar de culparse y criticarse.
- **Ecuanimidad.** Esta cualidad de la atención plena es la capacidad para estar con las cosas como son con un equilibrio emocional y con sabiduría. Implica comprender y aceptar la inevitabilidad del cambio y verlo. Esto puede liberarle de la identificación con la vergüenza, la incompetencia y la falta de autoestima.

Una de las cosas que puede reconocer con estas cualidades de la mente es que en efecto caracterizan la facultad mental de percatación que todos los seres humanos poseen, pero que a menudo descuidan. Cultivar estas cualidades de la mente nutrirán su práctica y su vida.

Trabajar con los retos

Es absolutamente normal que se presenten algunos retos cuando se practica la meditación de la atención plena. Su mente vagabundeará; esto le sucede a todo el mundo. Si ha empezado a practicar la atención plena con las orientaciones expuestas en este libro, no hay duda de que ya le ha pasado. Esta mente puede ser como suele ser el tiempo, que cambia constantemente. Es probable que ya se haya dado cuenta de que usted tiende a quedarse perdido en recuerdos y pensamientos sobre el futuro, incluso durante las actividades de la vida cotidiana. Cuando está desayunando, quizá esté planificando la jornada que le queda por delante o esté recordando el pasado, ya sea maravillándose de lo estupendo que fue el pasado fin de semana, o quejándose de lo dolorosa que fue la conversación que mantuvo con su pareja la noche anterior. Parece que la mayoría de nuestras horas de vigilia las dedicamos a pensar sobre el pasado o el futuro y que raramente vivimos aquí y ahora. Cuando observe con más detenimiento cómo actúa su mente durante la práctica de la atención plena, empezará a ver con qué frecuencia no está usted presente.

Su trabajo no consiste en culparse por esto, sino en reconocer este deambular de la mente y volver a la meditación. Si le resulta difícil resistirse a criticarse a sí mismo, considere lo siguiente: si no hubiese tenido atención plena, ni siquiera se hubiera dado cuenta de que se había perdido. Lo importante es que usted volvió al presente.

Trabajar con la mente errante le ofrece tres beneficios. El primero consiste en que cada vez que vuelva de ese vagabundeo, estraá fortaleciendo el músculo de la concentración. Es lo mismo que levantar pesas. La mente deambula y usted la hace volver una y otra vez. Por medio de la repetición aumenta la masa muscular y la concentración. El segundo beneficio consiste en que cuando vuelve al presente y se da cuenta del punto en que se desvió, puede descubrir elementos de duda, deseo o cólera en los que ha estado atrapado. Esto le proporciona una visión interior de los obstáculos y de las dificultades, incluidas el cómo la mente crítica crea sentimientos de ineficiencia o incompetencia. Puede también ser consciente de las preocupaciones, la tristeza o la compasión, quizá señalando que tiene necesidad de poner más atención o de afrontar ciertas cosas de su vida. El tercer beneficio consiste en que usted obtiene comprensión de la conexión entre el cuerpo y la mente y de cómo los pensamientos que piensa y las emociones que siente tienen un reflejo físico en el cuerpo. Empieza a entender cómo una mandíbula apretada o un estómago tenso, por ejemplo, son la expresión de determinados pensamientos y emociones en su cuerpo.

Otros retos se muestran en la forma de los cinco obstáculos: deseo, cólera, intranquilidad, adormecimiento, y duda. Estos problemas son tan comunes, predecibles y predominantes en la práctica de la atención plena que muchos libros de *mindfulness* abordan cómo trabajarlos.

- El deseo, o la mente que desea, es un aspecto de la mente que está preocupada por las cosas como el querer sentirse bien. Dedica mucho tiempo a fantasías, ensoñaciones y planes. Cuando se siente sin valor, puede consumirse en el ansia de ser mejor o diferente. Es como una sed o un hambre que difícilmente se sacia.

- La cólera refleja no estar bien con las cosas tal como son. Puede estar rabioso contra sí mismo por sentirse tan incompetente. La mente colérica se refuerza con la aversión, el resentimiento o el odio.

- La intranquilidad es como domesticar a un tigre. Cuando su mente está llena de vergüenza se vuelve intranquila y se agita con una energía incontrolada que es incómoda para meditar y para sobrellevar. Puede hacerle sentir como si quisiera salir de su piel, como si necesitara hacer algo o ir a algún lado.

- Con el adormecimiento, su concentración se verá aletargada y se sentirá apático, cansado o sin energía. La falta de autoestima, la vergüenza o la incompetencia pueden vivirse como algo tan abrumador que uno solo quiere desmoronarse, desaparecer, no estar ahí e irse a dormir.

- Con la duda puede preguntarse si la meditación tiene algún sentido o puede servirle para algo. Puede dudar de sí y creer que es imposible sanar y estar satisfecho consigo mismo tal como usted es. Y esto facilita caer en los otros cuatro obstáculos.

Los cinco obstáculos presentan retos que pueden atravesarse en su práctica. Por ello es tan importante advertir cuándo se presentan y ser capaz de ponerles nombres y reconocerlos. Como aprendió respecto a la práctica de darse cuenta, simplemente nombrarlos ayuda a crear algo de distancia, que facilita que aflojen su garra. En el momento en que se da cuenta de que está atrapado, ya está plenamente atento y puede empezar a salir de la trampa.

A veces, la metáfora de un estanque claro es muy útil para comprender cómo trabajar con los obstáculos, ya que cada uno de ellos oscurece su capacidad de ver con claridad los guijarros hermosos que hay en el fondo del estanque. Cuando se encuentra en el estado de deseo, el estanque no se muestra claro; está coloreado con el tono rojo de la pasión. Sus deseos lo colorean todo. Intente permanecer en silencio y respirar plenamente consciente hasta tranquilizar su cuerpo y su mente. Si está enfadado, el agua se congela y se endurece con el hielo, y eso también oscurece su visión. Tal vez, esto sea una señal para abrirse a la calidez de la compasión. Con la intranquilidad, las aguas están agitadas. Empiece a controlar esa energía de forma constructiva en lugar de dejar que le muerda el trasero. Si está adormecido, las aguas están cubiertas con algas. Tal vez sea mejor despertar y reconocer que usted no estará aquí siempre. Con la duda, el estanque parece turbio o lleno de fango. Esta es la señal para reflexionar sobre por qué está usted haciendo esta práctica y lo que ha aprendido sobre sí mismo hasta aquí. Ojalá le proporcione esto un incentivo para perseverar.

Cuando usted sea plenamente consciente de que cualquiera de estos obstáculos está presente, dese cuenta de cómo están su cuerpo y su mente. Sienta la textura de estos estados y advierta lo que sucede cuando se ve absorbido por ellos. ¿Está más a gusto consigo mismo o menos?

Práctica de la atención plena: el escaneo corporal

Escanear el cuerpo es una práctica formal muy poderosa de atención plena que le ayudará a volver a conectar con su cuerpo y su mente. Hemos impartido numerosos cursos de atención plena y le podemos decir que muchas veces hemos oído decir a personas que no tienen prácticamente ninguna consciencia de su cuerpo, es casi como si su cuerpo no existiera. Cuando practique el escaneo corporal, establecerá contacto con algo más que su cuerpo; establecerá contacto con la vida. Su cuerpo es el vehículo con el que viaja en este viaje de la vida; toda la historia de su vida está en él: todos sus pensamientos, todas sus emociones, sus sueños y recuerdos, todas sus experiencias. Cuando se trabaja con los sentimientos de desvalorización o incompetencia, el escaneo corporal puede ser un inmenso recurso. Le ayudará a reconocer qué es lo que está sintiendo físicamente y cómo estas sensaciones están conectadas con su historia y con las historias con las que ha construido una identidad de desvalorización. El escaneo corporal es una práctica metódica que empieza con la consciencia de su pie izquierdo y sistemáticamente continúa por todo el cuerpo, parte por parte, hasta su cabeza. Cuando se centre en cada parte, preste atención a lo que siente en ella. ¿Cómo se está sintiendo en esa parte? ¿Hay alguna sensación presente? ¿Son agradables, desagradables o neutras? Usted es en este caso como un científico, sintiendo y observando la experiencia momento a momento: picores, dolores, temblores, calor, frío, sin discriminación. Además de las sensaciones físicas, también intente volverse plenamente consciente de cualquier pensamiento o emoción que evoque esta práctica.

Haga esta práctica en un entorno relajante, sin distracciones. Le sugerimos que se tumbe cuando haga el escaneo corporal, pero si se siente demasiado dormido o prefiere practicar sentado o de pie le animamos a hacerlo. Cualquiera que sea su postura, lleve su atención plena y sin distracciones a esta práctica. Lea todo el ejercicio antes de empezar. Si es posible, dese al menos 30 minutos para completarla. Cuando esté centrado en partes concretas del cuerpo, intente pasar un minuto o dos en cada una de ellas, aunque si dispone de menos tiempo puede reducir la duración.

Inicialmente puede descubrir que es útil grabar las instrucciones y escuchar la grabación mientras practica. Si lo hace, recuerde incluir una pausa antes de pasar a cada nueva parte del cuerpo. También puede comprar un cp de escaneo corporal en www.yourheartwideopen.com. Muy pronto se familiarizará con la práctica y no necesitará escuchar las instrucciones. Hemos adaptado las instrucciones que exponemos a continuación a partir de *Mindfulness para reducir el estrés,* de Bob Stahl y Elisha Goldstein (Editorial Kairós, 2010).

Tómese unos momentos para darse la bienvenida al espacio de atención plena en el que va a realizar la práctica del escaneo corporal. Empiece por realizar un chequeo plenamente consciente de cuáles son sus sensaciones físicas, sus pensamientos y sus emociones. No interfiera en cualquier cosa que aparezca. Quizá ha tenido un día muy atareado y puede que sea el primer momento del día en que ralentiza el ritmo. Permítase sentir simplemente cómo está y qué está trayendo consigo a esta meditación, y déjelo estar. No hay por qué juzgar, analizar o imaginar nada. Tan solo reconozca cómo se está sintiendo. Pase aproximadamente 2 minutos con el chequeo plenamente consciente.

Ahora desplace lentamente su centro de atención a la respiración. Póngala en la nariz, el pecho o el abdomen, allí donde sienta que la respiración es más prominente y pueda distinguirse. Inspirar y saber que está inspirando… Espirar y saber que está espirando…

A veces puede darse cuenta de que su mente vagabundea y se escapa de la respiración. Cuando ocurra esto, dese cuenta de adónde se fue y después vuelva a su respiración, a la atención plena de la inspiración y de la espiración. Pase al menos 2 minutos con la consciencia de la respiración.

Ahora desplace suavemente su centro de atención desde la respiración al escaneo corporal. Empiece llevando su atención a la sensación de todo su cuerpo: cómo se está sintiendo y cualquiera de las sensaciones que esté experimentando. A través de esta práctica puede encontrar zonas que están contraídas o tensas. Si es así, simplemente permita esas sensaciones dándoles espacio para que vayan a donde necesiten ir. Si surge un pensamiento o emoción, déjelo también. Permítase a sí mismo sencillamente reconocer lo que está en el cuerpo y en la mente y dejarlo estar.

Ahora lleve su consciencia a la planta del pie izquierdo a cualquiera de las partes que está en contacto con el suelo, ya sea el talón o la planta del pie.

Expanda su conocimiento hasta sentir todo el pie izquierdo, sintiendo el tobillo, el talón y la planta del pie. Sienta los dedos de los pies y la parte superior del pie.

Ahora, desplace su consciencia al tendón de Aquiles y el tobillo izquierdo.

Desplace después su atención a la parte inferior de la pierna izquierda, sintiendo la pantorrilla y la espinilla hasta la parte inferior de la pierna que conecta con la rodilla.

Ahora deje que su atención se desplace hacia arriba, al muslo izquierdo, sintiendo la parte superior de la pierna y su conexión con el lado izquierdo de la cadera.

Ahora retire suavemente su atención de la parte izquierda de la cadera y, descendiendo hasta el pie izquierdo, desplace su atención al pie derecho, llevando la consciencia allí donde sienta la planta del pie en contacto con el suelo. Podría ser el talón o la planta del pie.

Amplíe su conocimiento hasta sentir todo el pie derecho, el talón, el tobillo y la planta del pie. Sienta los dedos y la parte de arriba del pie.

Desplace ahora de nuevo su atención hacia el tendón de Aquiles y el tobillo derecho.

Ahora desplace su consciencia hacia arriba a lo largo de la parte inferior de la pierna derecha, sintiéndola hasta la pantorrilla, la tibia y la conexión inferior de la pierna con la rodilla.

Ahora desplace su atención en sentido ascendente hasta el muslo derecho, sintiéndolo hasta la zona pélvica, que es el centro de los sistemas de eliminación, la sexualidad y la reproducción, llegando hasta los genitales, las nalgas y la región anal. Sea plenamente consciente de cualquier sensación, pensamiento y emoción y simplemente déjelos ser.

Ahora desplace su consciencia hacia el vientre y el abdomen, centro de los sistemas de digestión y asimilación. Sienta el vientre y el abdomen con atención y permítalos ser.

Ahora lleve su atención hacia abajo, al coxis y a la base de la espina dorsal, y empiece a sentir la parte inferior de la espalda, siendo consciente de cualquier sensación y dejándola ser.

Ahora desplace su consciencia a la parte superior de la espalda, sintiendo cualquier sensación y dejándola ser. Deje partir cualquier sensación hacia donde necesite desplazarse, como ondas que se expanden hacia afuera. Si siente cualquier tirantez, dolor, incomodidad y puede aflojar esas sensaciones, déjelas que se aflojen. Si no puede, déjelas estar.

Ahora desplace suavemente su consciencia al pecho, sintiendo su piel, los pezones, la caja torácica y profundice dentro, en los pulmones y corazón, sedes de la respiración y de la circulación. Estando atento a cualquier sensación física, pensamiento o emoción, déjelos ser...

Ahora desplace suavemente la atención desde el pecho y llévela hacia las puntas de los dedos de la mano izquierda, sintiendo los dedos y la palma y, después, a la parte posterior de la mano subiendo hasta la muñeca izquierda.

Ahora desplace su consciencia hasta la parte

anterior del brazo izquierdo y su conexión con el codo.

Ahora desplace su consciencia a la parte superior del brazo izquierdo y su conexión con el hombro y la axila, sintiendo las sensaciones de la parte superior de su brazo y hombro.

Ahora retire suavemente su atención del hombro izquierdo hacia abajo hasta las puntas de los dedos de la mano izquierda y, después, desplácela hacia los dedos de la mano derecha sintiendo los dedos por dentro y la palma de la mano y, después, la parte posterior de la mano hacia arriba hasta la muñeca.

Ahora desplace su consciencia al antebrazo derecho y su conexión con el codo.

Ahora desplace su consciencia a la parte superior de su brazo derecho y su conexión con el hombro derecho y la axila, sintiendo las sensaciones de la parte superior de su brazo y hombro.

Ahora lleve su consciencia a los hombros, sintiendo cualquier sensación y dejándola ser.

Ahora lleve su consciencia hacia arriba, hacia el cuello y la garganta, estando atento a cualquier sensación, pensamiento o emoción y simplemente dejándolos ser.

Permita que su consciencia se desplace hacia arriba hasta la mandíbula, los dientes, la lengua, la boca y los labios, sintiendo cualquier sensación y permitiéndolas ir allá donde necesiten ir.

Expanda su consciencia a las mejillas, la frente y las sienes llegando a los ojos, los músculos que los rodean y los conductos sinusales que conducen al interior de la cabeza. Estando atento...

Ahora sienta la parte superior y posterior de la cabeza hasta las orejas y, a continuación, dentro de la cabeza hasta el interior del cerebro. Sienta su rostro y su cabeza, sede de su cerebro y de los sentidos: los ojos que ven, los oídos que oyen, la nariz que huele, la lengua que saborea, y el cuerpo que siente.

Ahora empiece a expandir su campo de consciencia a la totalidad del cuerpo. Sienta cómo la cabeza está conectada con el cuello, los hombros, los brazos, las manos, el pecho, la espalda, el vientre, las caderas, la región pélvica, las piernas y los pies. Sienta su cuerpo desde la cabeza hasta la punta de los dedos de los pies como un organismo total. Estando atento...

Inspirando, sienta la totalidad del cuerpo que se eleva y expande mientras inspira. Espirando, sienta la totalidad del cuerpo descendiendo y contrayéndose a medida que espira. Estando atento...

Llegue al final del escaneo corporal, felicítese de haberse dado este tiempo para estar atento.

Dese un tiempo para escribir en su diario cómo fue el escaneo corporal. ¿Qué surgió en el cuerpo, los pensamientos y las emociones? ¿Qué descubrió? Por ejemplo, ¿sintió alguna tensión o rigidez en alguna zona del cuerpo? ¿Evocaron algunos recuerdos algunas de las sensaciones que tuvo? ¿Le trajeron algunos de ellos sentimientos de falta de autoestima o incompetencia o, por el contrario, de felicidad o conexión?

El escaneo corporal es un lugar muy concreto y nada complejo para empezar el trabajo de autoaceptación y ausencia de juicio. Al practicar el escaneo corporal, quizá empiece a ver que sus sentimientos de incompetencia, vergüenza o falta de autoestima están conectados a sus estados mentales y corporales. Quizá observe juicios de crítica o de autocondena que surgen de sus percepciones de su imagen corporal, o tal vez descubra cómo ha almacenado tensiones corporales a partir de heridas emocionales del pasado. Todo esto le ayuda a prepararse para aplicar la atención plena de modo similar a fenómenos que son más amorfos, como los pensamientos y las emociones.

Saborear este viaje

En este capítulo hemos presentado dos prácticas nuevas de atención plena: cultivar el amplio espacio, y el escaneo corporal. Cultivar el amplio espacio le ayudará a desarrollar las bases de la atención plena, en especial el no juzgar, no luchar, reconocimiento y dejar ser. También le ayudará a crear algún espacio para que usted pueda ser testigo de su experiencia sin quedarse atrapado en ella. Esto le servirá como orientación importante en todas las prácticas de atención plena que emprenda. Le recomendamos que se comprometa con esta práctica con frecuencia hasta que empiece a practicar formalmente la meditación de la atención plena, que aprenderá en el próximo capítulo.

Como el escaneo corporal está más estructurado y es una práctica de mayor duración, le ayudará a fortalecer el centrarse con atención plena. Y como el cuerpo y las emociones están tan íntimamente interrelacionados, esta práctica también le ofrece una visión interior de su estado emocional. Con el tiempo puede aprender a reconocer los síntomas físicos de pensamientos y emociones difíciles y utilizarlos como señales de que sería una buena idea llevar la atención plena a cualquier cosa que le esté sucediendo. Le recomendamos que practique el escaneo corporal a menudo, al principio, y que continúe practicándolo semanalmente, en los años venideros, como una forma de permanecer en contacto con su cuerpo, su mente y sus emociones.

4. Mirar detrás de la cortina del "yo"

El "yo" es la única prisión que puede atar siempre al alma.

HENRY VAN DYKE

La meditación de la atención plena es una práctica de investigación. Usted entra en un espacio de consciencia en el que puede ser testigo y examinar los pensamientos y emociones a partir de los cuales fabrica una sensación de "yo". Y a medida que medita y experimenta cómo los pensamientos van y vienen, no puede menos que admirarse de vez en cuando y preguntarse: «¿quién está pensando estos pensamientos?; si soy testigo de ellos, ¿de dónde proceden?». Puede también sorprenderse de por qué tantos son tan repetitivos o simplemente una especie de piñones fijos. E incluso cuando observe con cuánta frecuencia queda sumergido en ellos y vuelve a repetir las historias de vergüenza y autocondena, también llegará a ver que su identificación con esas historias no es totalmente compulsiva, sino opcional. Con la práctica, puede aprender a estar con sus pensamientos y sentir sus emociones, sin convertirlas en historias definitivas sobre sí mismo

En este capítulo, le ayudaremos a cultivar las habilidades de atención plena que le permitirán ser testigo de las historias que crean una identidad de deficiencia; le facilitará ver que usted es mucho más que cualquier historia, con independencia de lo mucho que haya durado. Poder ser testigo de la forma de proceder de su mente con una consciencia desapasionada es algo parecido a mirar detrás de la cortina, desde la que el Mago de Oz crea todas sus ilusiones. Una vez que ha visto al supuestamente poderoso mago y su propio narrador de historias, que frenéticamente pulsa botones y abre y cierra interruptores para mantener la ilusión, es difícil permanecer atrapado por la historia. Como ya ha comenzado a saber, el punto de vista que observa y reconoce estos procesos mentales es distinto de ellos y posee la clave de una experiencia mucho más amplia de quién es usted. Esta llave le abre su corazón a la libertad, la sabiduría y la compasión.

Abrir su corazón

La atención plena es tanto una práctica como un estado de mente, un camino y un destino, o quizá, más precisamente, es un sendero que es su propio punto de llegada. La práctica consiste en poner atención deliberadamente y sin juicio en los momentos de su vida de un modo abierto y amoroso, no impulsado por los deseos ni los rechazos. Esta especie de consciencia espaciosa y tolerante es una facultad mental a la que todos tenemos acceso, aunque quizá no la empleemos con frecuencia. Por lo general nos encontramos en este estado de mente completamente abierto casi por accidente, y, durante unos minutos, están llenos de asombro ante la ordinaria, y al mismo tiempo extraordinaria, maravilla que es la vida que se despliega a nuestro alrededor. De repente, hay viveza y claridad en aquello de lo que somos testigos. El tiempo parece ralentizarse, se desvanece el impulso de estar en algún otro lugar o de ser otra persona y su corazón se abre y se expande. Practicar la atención plena le traerá más momentos de estos a su vida.

La historia de Krista

Krista, una mamá trabajadora que tiene dos hijos, había estado practicando la atención plena durante seis semanas aproximadamente. Una mañana, como muchas otras, estaba luchando para preparar el desayuno y los almuerzos de sus niños, conseguir vestirlos y coordinar los acontecimientos de la tarde con su marido, por no mencionar el prepararse a sí misma para ir a trabajar. Llamó a su hijo de cinco años para que bajara a desayunar, pero él no respondió, finalmente miró por la ventana y lo vio bajo la lluvia, moldeando su pelo como un niño mohicano y atrapando gotas de lluvia con la lengua.

Momentáneamente abrumada, sintiendo la frustración por el retraso y porque él se había olvidado de todo, empezó a gritarle para que entrase en casa de inmediato; sin embargo, en ese momento vio su cara de puro gozo y sintió una contagiosa alegría por la felicidad de la que estaba siendo testigo. De repente se desvaneció la prisa que tenía para tener todo hecho, y el tiempo pareció detenerse.

Cogió a su hija de dos años y pasó otro minuto simplemente contemplando a su hijo y disfrutando de esa especie de deleite que ella no había sentido desde hacía mucho tiempo. La belleza y la felicidad de la experiencia colorearon el resto de su jornada. Y aquella tarde, por primera vez en mucho tiempo, no se criticó por ser una madre incompetente, a pesar de haber llevado a su hijo tarde a la escuela y con la ropa mojada.

La conciencia que ve que el "yo" está libre del "yo"

Hace años, en un largo retiro de meditación, un maestro de meditación nos dijo que no estaba interesado en ninguna de nuestras historias. Nos quedamos aturdidos y desconcertados hasta que terminó reconociendo la profunda ternura, vulnerabilidad y dolor que nuestras historias contenían, pero afirmó que quería ayudarnos a explorar posibilidades que subyacen más allá de estas definiciones autolimitadoras de nosotros mismos. Cuando nos sentamos a meditar con estas ideas durante un tiempo, quedó demostrado lo fácil que es identificarse con viejas historias en las que hemos caído una y otra vez para encontrarnos finalmente en los mismos avisperos emocionales y mentales que nos han picado tantas veces. ¿Cuántas veces tenemos que ser picados antes de que veamos que la historia no es lo que somos? Aquí es donde la atención plena y la autocompasión pueden ser tan beneficiosas. Le permiten ver y reconocer la ternura y el dolor en su historia sin caer bajo el espejismo de que esa historia define lo que usted es. Puede ser su historia, pero no es usted.

Una sensación permanente de falta de autoestima tiene componentes comunes de autoculpabilización, vergüenza y resentimiento. Estos hábitos de la mente están todos ellos conectados y proceden de formas habituales de mirar las cosas. En cada momento, usted está creando su sentimiento del "yo". Cada vez que reconoce esta actividad constructora del "yo", esto puede ayudarle a liberarle un poco más de los límites de ese "yo" que ha creado.

Ejercicio: darse cuenta (AWARE)

Una forma eficaz de trabajar con las historias de uno mismo se resume en el acrónimo AWARE (del inglés, *Allow, Witness, Acknowledge, Release* y *Ease up*), que significa permitir, ser testigo, reconocer, soltar y relajar.

Permitir que todos sus pensamientos y sentimientos vengan y vayan a su voluntad. Esto le ayudará a suavizar sus reacciones ante cualquier cosa que surja en el espacio de la consciencia de atención plena. Permitir es una especie de actitud curiosa que le posibilita observar dentro de sus historias y aprender de ellas en lugar de verse atrapado en ellas o intentar bloquearlas, porque cualquiera de estas dos actitudes le dejan más atrapado. Al permitir su experiencia de esta forma, puede aprender a aceptar todos los pensamientos como vehículos de comprensión interior, en lugar de tomarlos como prueba de cualquier cosa, incluida cualquier desvalorización o inadecuación inherente. Permitir le facilita reconocer que un pensamiento es simplemente un pensamiento, tanto si le gusta como si no.

Ser testigo de la narrativa con la que construye su sentido del "yo". A veces es usted el que ha actuado: «Yo hice…», «debería de haber…», «no debería haber…», «desearía haber podido…». A veces, usted ha sido la persona sobre la que se ha actuado: «Alguien me hizo esto o aquello a mí». «Todo el mundo me ignora». «La gente siempre…». «Nadie nunca…». En cualquiera de los casos, continúa el parloteo una y otra vez mientras lo permita. Desde la perspectiva de la atención plena, puede ser testigo de las formas habituales con las que la mente crea el "yo" basado en la narrativa sin identificarse con esas formas. Ser testigo supone curiosidad y ausencia de juicio. No se apega ni evita nada. Con esta herramienta puede mirar a fondo dentro de cada acontecimiento, por doloroso que sea, con su corazón completamente abierto. Exactamente lo mismo que en una sala de urgencias un médico observa profundamente una herida sin estremecerse y elabora el diagnostico apropiado, usted puede descubrir cosas que ya no necesita llevar consigo, ni culpabilizarse por ellas.

Reconocer los sucesos que vive en las historias que cuenta sobre sí. Utilizar la práctica "advertir" del capítulo 2, darse cuenta de las sensaciones físicas, los pensamientos y las emociones que experimenta tal como vienen y van. Recuerde utilizar frases simples para reconocer sus experiencias, como "asustado", "rechazado", "solo", etc. ¿Hay algún personaje que intenta crear o asesinar? Dese cuenta de cualquier elemento repetitivo o habitual a través del cual crea el "yo" basado en una narrativa. ¿Existe algún tema? ¿Es el narrador cruel o amable, brillante o ciego? ¿Le son familiares sus juicios? ¿Le son familiares sus anhelos? Reconozca todo aquello de lo que se da cuenta.

Soltar los conceptos del "yo" que ha fabricado con estas viejas historias y conceptos. Desidentifíquese de su modo habitual y conocido de pensar sobre sí mismo. La fama, la vergüenza, la pérdida, la ganancia, el placer y el dolor son experiencias transitorias, no atributos del "yo". Cuando utiliza el permitir, el ser testigo y el reconocer para ver cómo trabaja el narrador, puede finalmente dejar de identificarse con el "yo" creado por sus historias. No tiene por qué creer todo lo que piensa. ¿Por qué permanecer en una prisión del "yo" cuando la puerta está completamente abierta? Deje que todo se vaya. Deje que todo sea.

Relajarse y emerger de este trance de desvalorización. Cuando está atrapado en un concepto de sí mismo de falta de valía e incompetencia, una gran parte de su monólogo implica comentarios sobre lo que está haciendo, lo que parece o lo que está alcanzando, y gran parte de este diálogo interno genera comparaciones con los demás y juicios sobre sí mismo. Esto ni es necesario ni es hábil, y no es en absoluto divertido. No todo gira alrededor de usted. Además, cuando usted está atrapado en pensamientos sobre sí, se está perdiendo lo que está realmente sucediendo en cada momento irremplazable de su vida.

Permitir, ser testigo, reconocer, soltar y relajar son habilidades básicas de la práctica de la meditación y también le servirán en momentos de desarrollo de su vida, en el trabajo, en la casa, con los amigos, en cada cosa que hace, sobre todo cuando se dé cuenta de que su monólogo interior se ha hecho crítico y desagradable. AWARE puede convertirse en una forma de vida que le ayude a crecer un poco más en libertad cada vez que lo practica.

Volverse hacia el lugar de la herida

Rumi, poeta místico sufí del siglo XIII, tuvo una profunda comprensión de cómo se crea y mantiene una nociva historia personal de carencia. En su poema «Amigos de la infancia» (1995), habla de los temas que hemos estado exponiendo:

> Confía tu herida a un cirujano experimentado.
> Las moscas se agolpan en la herida. La cubren,
> esas moscas de tus sentimientos de autoprotección,
> de tu amor por lo que crees que es tuyo.
> Deja que un maestro espante las moscas
> y ponga una cataplasma en la herida.
> No vuelvas la cabeza.
> Sigue mirando la herida vendada.
> Es ahí por donde te entra la luz.
> Y ni por un momento creas
> que eres tú quien te curas a ti mismo.

Las heridas de los acontecimientos dolorosos de la vida pueden ayudarle a abrirse a la visión profunda y la curación cuando les aplica compasión consciente. No retire la mirada de su dolor. No puede borrar lo que sucedió, lo que hizo o no hizo, o lo que otros le hicieron o no le hicieron. Si reconoce y acepta estas heridas, en lugar de apartar la mirada de ellas, se convertirán en un lugar de curación. Cuando permita esas viejas heridas, las deje ser y las conozca profundamente, estas pueden conducirle de vuelta a su corazón. Por ejemplo, si ha hecho algo de lo que se arrepiente, el dolor de la vergüenza puede recordarle las consecuencias de las acciones incompetentes y fortalecer su resolución para responder de una forma diferente en situaciones similares. Incluso si ha sido herido sin culpa alguna de su parte, este dolor puede guiarle a estar atento a cómo se relaciona con los demás, para no volverles a herir del mismo modo. Esto es algo bueno. Lo mismo que un dolor físico nos ayuda a ser cuidadosos con nuestro cuerpo, el dolor emocional nos ayuda a ser cuidadosos con nuestras acciones. Nuestras heridas emocionales se vuelven benéficas cuando los recuerdos que hay en su interior le ayudan a aprender cómo vivir su vida de una forma más competente, con consciencia y con compasión.

Práctica de la atención plena: autoindagación plenamente consciente

Podemos aprender a sospechar de pensamientos concretos, como la mayoría de los pensamientos críticos y repetitivos y algunos pensamientos de odio hacia uno mismo. Existe una sabiduría en sospechar que algo falla en esta clase de pensamiento. Puede conducir a investigaciones y descubrimientos sobre cómo colorea su mundo y cómo lo hace infeliz o feliz a través del filtro de sus pensamientos. Este tipo de investigación puede ayudarle a ver qué es real y qué no es real, y qué pensamientos creer o no. Cuando no cree automáticamente en todos sus pensamientos, estos pierden su poder para modelar un sentido defectuoso del "yo".

La investigación sobre sí mismo plenamente consciente constituye una práctica que puede ayudarle a investigar cualquier cosa, incluyendo el dolor de las viejas heridas, así como otros pensamientos e historias desagradables que crean sufrimiento. Como la falta de autoestima es una especie de trance que obstruye la visión clara, la indagación sí puede ser muy útil para retirar el velo y ver las reacciones inconscientes que perpetúan el ciclo del dolor y el sufrimiento. Implica mirar profundamente y de una forma resuelta dentro de su corazón herido, para ver las cosas más objetivamente, sin juicios ni evitación. Este trabajo implica ternura y una especie de curiosidad amistosa.

Dese a sí mismo al menos 30 minutos para esta práctica. Este trabajo es difícil y puede incluso parecer amenazador a veces, así que practíquelo en un lugar en que se sienta seguro y donde pueda sentarse confortablemente sin ser distraído. Si quiere, reúna unos pocos objetos que le proporcionen cierta comodidad o que aprecie y póngalos juntos en una repisa o en una mesa que esté cerca.

Empiece practicando la respiración plenamente consciente al menos durante 10 minutos. Deje que su respiración venga y vaya a su voluntad y utilice las sensaciones de la respiración como una forma de estar atento.

Tómese unos momentos para reflexionar sobre la experiencia de su vida, con sus altibajos y el hilo de la vergüenza o de la falta de autoestima que le trajo a este libro.

Ahora acuda a los recuerdos más tempranos que tenga de haberse sentido sin valía. Dese cuenta de cualquier sensación física que estos recuerdos evoquen y sea plenamente consciente de las emociones que surjan y de cualquier definición limitadora que aparezca. Aunque un recuerdo sea desagradable, ponga su curiosidad y compasión en él, exactamente lo mismo que si descansara en un momento de yoga, y respire en ese momento de incomodidad. No intente forzar o escapar del recuerdo ni de cualquier incomodidad asociada a él; simplemente

permanezca con su dolor y vulnerabilidad con
tanta bondad y aceptación como le sea posible. Advierta si ese recuerdo suscita historias
críticas sobre usted o sus rasgos de carácter. Si
es así, reconózcalas, déjelas estar y, a continuación, como forma de enraizarse en el presente,
dirija su atención a cualquier sensación física
que pueda estar experimentando. Dese cuenta
de que mientras atiende a las sensaciones de inmediatez, estas aparecen en el primer plano de
su consciencia, mientras que los pensamientos y
emociones de su "yo" basado en una narrativa
aparecen como un telón de fondo. Continúe
con esta práctica durante 10 minutos, reorien-
tándose hacia las sensaciones físicas cada vez
que empiece a perderse en pensamientos o
emociones que lo definan como alguien sin valía. A lo largo de esta práctica, dese cuenta de
si sus pensamientos de falta de valía cambian
de alguna forma cuando examina viejas historias mientras permanece en contacto con las
sensaciones del aquí y ahora.

Dese unos minutos para regresar a la respiración plenamente consciente; a continuación
concluya esta práctica reflexionando sobre el

valor que le permitió explorar estos estados mentales, emocionales y físicos. Felicítese por haber
estado dispuesto a emprender esta difícil tarea.

Tómese algo de tiempo para escribir en su diario sobre lo que le ocurrió física, mental y emocionalmente
mientras practicaba la autoindagación plenamente
consciente. Describa cualquier sensación física que
apoyase recuerdos de sentirse sin valía o incompetente, así como cualquier experiencia emocional que
surgiera en el proceso.

Sepa que nombrar algo es separarse de ello y constituye el primer paso para desidentificarse. Cuando
desplaza su atención de pensamientos y emociones
difíciles hacia las sensaciones físicas está usted reorien-
tándose desde el "yo" basado en una narrativa al "yo"
basado en la inmediatez. A medida que continúe trabajando con esta práctica advertirá que la parte de
usted que es consciente de los recuerdos, pensamientos y emociones físicas relacionadas con el sentimiento de incompetencia está ya a cierta distancia de los
sentimientos de incompetencia. Su "yo" basado en la
inmediatez plenamente consciente es aquel que se da
cuenta de la autoculpabilización y el autocriticismo,
así como de los impulsos de esconderse o de escapar.

La autoindagación plenamente consciente constituye una práctica de la que puede servirse para investigar las historias y juicios que se cuenta sobre sí mismo. Le ayudará a descubrir los orígenes de estas historias y cómo queda atrapado en ellas. Le abre la puerta a una forma de estar en el mundo que no está limitada por el "yo" basado en una narrativa. A partir de esta consciencia expandida puede darse cuenta de algo nuevo: un "yo" que no está aprisionado en una historia, un "yo" que existe y responde en el aquí y ahora, junto con cualquiera y cualquier cosa de su entorno.

Traer luz a la oscuridad

A medida que practique la autoindagación plenamente consciente, conseguirá estar cada vez más en contacto con lo que está ocurriendo en su interior, los miles de pensamientos y emociones que a veces se llaman las diez mil joyas y penas. La atención plena proporciona un espacio para la observación de todas estas experiencias sin quedar atrapado en los extremos de reprimir o involucrarse, ya que ambas actitudes pueden perpetuar un sentido de desvalorización. Puede aprender a apartarse desde sus antiguas formas de ver hacia nuevas posibilidades.

Queremos reconocer que puede suponer un enorme reto ser

un observador imparcial cuando usted está situado frente a sí mismo en una sala de espejos que reflejan las emociones, los pensamientos y los recuerdos que subyacen bajo sus sentimientos de vergüenza, culpabilidad, incompetencia y una hueste de otros visitantes desagradables. El regalo de la atención plena consiste en que le proporciona espacio para observar este entorno de aversiones, fantasías, juicios y presuntas ofensas que van y vienen. Gradualmente aprenderá a reconocer estos sentimientos y a ver con más claridad sus orígenes y cómo alimentan las definiciones autolimitadoras de quién es usted y de quién puede ser. Esto le permitirá aceptar estados más profundos de aprobación, libertad y paz.

A medida que se embarque en esta dificultosa tarea, recréese en el consejo de François Fénelon, un sacerdote católico del siglo XVII que habló de esta dificultad en una carta dirigida a un parroquiano en apuros (2002):

> A medida que la luz va en aumento vemos que somos peores de lo que creíamos. Nos asombra nuestra ceguera cuando vemos surgir de las profundidades de nuestro corazón todo un enjambre de sentimientos vergonzosos, como reptiles asquerosos que salen reptando de una caverna escondida. Nunca habríamos podido creer que albergásemos tales cosas, y nos consterna verlas aparecer gradualmente [...] Pero mientras nuestros defectos disminuyen, la luz bajo la que los vemos se vuelve más intensa y nos llenamos de horror. Tenga presente, para su consuelo, que solo podemos percibir la enfermedad cuando empieza la curación.

La historia de Henry

Cuando Henry tenía 10 años, su padre tuvo una aventura con la vecina de la puerta de al lado, que había sido la mejor amiga de su madre. Un día fueron descubiertos, y el año siguiente fue una catástrofe de batalla sin fin. El hogar de Henry estalló en pedazos. Sus padres se divorciaron cuando tenía 12 años y él y su madre se mudaron a un apartamento con muebles extraños y vecinos ruidosos.

Henry supo que su padre había hecho algo malo, pero continuaba queriéndolo a pesar de todo. Podía visitarlo una vez a la semana, pero solía vivir esas visitas con incomodidad, ya que su padre bebía mucho, estaba gruñón y decía maldades sobre su madre. A pesar de que su padre tenía una piscina, Henry se avergonzaba de llevar a sus amigos allí, porque su comportamiento era impredecible y lo avergonzaba monopolizando la atención de sus amigos con advertencias de borracho sobre la poca fiabilidad de las mujeres y del mundo en general.

Mientras tanto, su madre hizo nuevos amigos y se convirtió en feligresa de una iglesia; aunque parecía más feliz, había cambiado. Empezó a hablar mucho sobre Dios y, después, se casó con un hombre que era amable, pero que también hablaba mucho de Dios. Henry quería que regresase la vieja mamá que había conocido. Sentía como si hubiese perdido tanto a su madre como a su padre. Era

como si ya no le pudiera querer más y se preguntaba si
él tenía la culpa.

Años después, en el bachillerato, una chica a la que Henry
quería lo dejó porque él estaba flirteando con otra chica. No
pasó mucho tiempo antes de que su novia estableciera una relación con otro. Todo el mundo supo lo que había sucedido y
Henry se sintió avergonzado. A él le parecía que había cometido el mismo error que su padre y lo tomó como una prueba de
que él era culpable y de que era indigno. Poco a poco, nuevos
fracasos y vergüenzas le hicieron sentir aún cada vez peor y
a punto de acabar el bachillerato consumía drogas y faltaba a
muchas clases. Se decía a sí mismo que con independencia de
lo que pensase alguien de él, ya no tenía remedio.

Vergüenza sana contra vergüenza tóxica

En su éxito de ventas *Sanar la vergüenza que nos domina:
cómo superar el miedo a exteriorizar tu verdadero yo* [*Healing the Shame that Binds you*, 1998], John Bradshaw hace
una distinción entre la vergüenza sana y la vergüenza tóxica.
Al hacerlo, ayudó al mundo occidental a ver una verdad ya
conocida en la antigua psicología budista: la vergüenza sana
es una señal de que se ha hecho algo equivocado, mientras
que la vergüenza tóxica dice que se está de alguna manera

equivocado. La vergüenza sana se refiere a acontecimientos concretos, mientras que la vergüenza tóxica se convierte en una identidad (Bradshaw, 1998). La vergüenza sana es algo bueno. Constituye una parte de su brújula moral y le ayuda a guiarle para tomar decisiones que no dañen a otros. La vergüenza tóxica, por otro lado, constituye una creación del "yo" basado en una narrativa y parece definir quién es usted. Empieza a envenenarlo cuando se identifica con los juicios negativos que se cuenta a sí mismo o que oye a los demás.

Vergüenza y pavor como guardianes del mundo

En la psicología budista, lo que John Bradshaw llama vergüenza sana está unida con el miedo moral a crear emociones gemelas que se consideran los guardianes del mundo. El miedo moral es el sentimiento de ansiedad que surge cuando usted está haciendo algo similar a acciones que crearon vergüenza en su pasado. Si usted se muestra insensible a estos guardianes, está en peligro. Sin vergüenza ni temor que guícn sus acciones, puede hacer cosas que dañen a otras personas o a sí mismo.

Reprimir la vergüenza sana, porque es incómoda, sería como quitar las alarmas de incendio en su casa porque sus oídos no pueden soportar su agudo sonido. Cuando las advertencias de su sistema moral no son escuchadas, puede acabar quemándose en las llamas de decisiones desastrosas.

Dicho esto, incluso la vergüenza sana es muy dolorosa y puede producir por sí misma un intenso dolor. Sin embargo, existe una razón para ello. El cerebro está diseñado para funcionar como un velcro con los acontecimientos negativos y como un teflón con los acontecimientos positivos (R. Siegel, 2010). Esto no es un golpe cruel del destino. Existe realmente un motivo evolutivo para esta tendencia de la memoria: tener una mejor memoria de los acontecimientos negativos nos ayuda a evitarlos en el futuro. Como consecuencia, el cerebro puede preservar vívidos recuerdos de acontecimientos negativos en los que sentimos vergüenza, de manera que tenemos miedo cuando se aproximan situaciones similares. Los sentimientos de este tipo nos ayudan a no repetir decisiones desastrosas.

Nadie es una isla

La raíz de la palabra "vergüenza" significa "cubrir", "ocultar" [*shame* en inglés]. Como la vergüenza es tan dolorosa y tan incómoda es comprensible que queramos ocultarla, pero al ocultarla se pueden implantar los cimientos de una prisión privada de vergüenza tóxica. Cuanto más se identifique con la vergüenza, más se aislará de sí mismo. En estos lugares ocultos, no solamente perdemos contacto con lo que somos realmente, sino que también perdemos contacto unos con otros. Existen lugares oscuros en los que nos torturamos a nosotros mismos con juicios crueles y autocondenas.

Al establecer la vergüenza y el temor como los guardianes del mundo, la psicología budista pone el énfasis en que todos estamos juntos en esto y en que estamos irrevocablemente interconectados. Este punto de vista reconoce que debemos ser plenamente conscientes de sentimientos como la vergüenza sana, para no crear sufrimiento en nuestras vidas y en las vidas de los demás. Estamos perfectamente conectados en una red de relaciones en la que influimos y somos influidos por los demás, a pesar de que a veces nos sintamos totalmente separados, incluso de aquellas personas que nos son más cercanas. La meditación de la atención plena y la indagación sobre nosotros mismos pueden ayudarnos a descubrir, o tal vez a redescubrir, una profunda conexión con los demás.

Afrontar la vergüenza tóxica

Queda claro que la vergüenza sana cumple un papel esencial, por eso es importante aprender a distinguir entre vergüenza sana y vergüenza tóxica. Cuando explore esta cuestión y sentimientos concretos de vergüenza, considere estas preguntas: ¿está juzgando una acción específica o está juzgándose a sí mismo? ¿Cometió usted determinados errores, o piensa que está avergonzado en general? ¿Está aprendiendo de sus errores, o piensa que es usted repudiable por naturaleza?

En los orígenes remotos, palabra "sufrimiento" significa "soportar", "sobrellevar", y de los muchos fardos que llevamos, la vergüenza tóxica es uno de los más pesados. Es como si llevase una tonelada de ladrillos sobre la espalda, cada uno de ellos formado por una autocondena y todos juntos creando un duro juicio de todo su ser por las cosas que hizo o dejó de hacer. Sin embargo, estos ladrillos de vergüenza tóxica son muy arbitrarios. Tal vez se avergüence usted porque no ha sido capaz de pagar una deuda y dar más a su familia, o quizá se avergüence de ser rico mientras que otros sufren en su pobreza. Puede sentir vergüenza por cosas de las que usted no es absolutamente responsable, como su raza o su género, o los fracasos de su padre o de otros miembros de su familia, sus aficiones, sus crímenes, su aparente incapacidad para amar o para ocuparse de sus propias necesidades. Puede incluso culparse de haber sufrido abusos sexuales, de haber sido acosado o traumatizado. No importa, es posible que se avergüence de sí mismo simplemente por nada.

Como puede ver, los ladrillos de la vergüenza no son malas acciones horribles, y al final no se trata de lo que usted hizo o dejó de hacer, se trata de cómo se avergüenza o se culpa de esos actos en las historias que usted se cuenta a sí mismo.

Nuestras historias individuales de culpabilización se cuentan de innumerables formas, pero el guión sigue siendo el mismo: sucedió un acontecimiento doloroso, ese acontecimiento fue juzgado con dureza, desencadenando emociones intensas y este círculo repetido una y otra vez, bien en acontecimientos reales o en recuerdos y en la imaginación. Cuando la emoción see desencadena de forma repetida, se transformó en un estado emocional. Este estado emocional se hizo permanente, hasta crear con el tiempo una actitud mental que cristalizó en un falso "yo", fabricado a partir de las historias de desvalorización.

Pero… ¿es este sentido del "yo" lo que realmente es usted? Recuerde que la forma en que cuenta sus historias puede marcar toda la diferencia sobre si son venenosas o curativas. Usted puede quedar atrapado en ellas e identificarse con ellas, o puede utilizarlas para tomar decisiones y emprender acciones funcionales a medida que avanza.

Construir su camino hacia la salida de la vergüenza tóxica y del aislamiento que esta crea puede parecer una tarea abrumadora, pero es simplemente una cuestión de cambiar de perspectiva. En su libro *Meditación en la acción*, Chögyam Trungpa nos explica que Buda dijo: «Los malos campesinos son aquellos que tiran su basura y compran compost a otros campesinos, pero aquellos que son habilidosos van recogiendo su propia basura, a pesar del mal olor y de la suciedad de la tarea, y cuando está lista para ser utilizada la esparcen en sus propias tierras y de ella crecen nuevas cosechas» (Trungpa 1991). En otras palabras, la recomendación consiste en que reúna la basura de su vida y la esparza en el campo de su despertar. Sacar afuera lo que está adentro puede parecer un acto imposible y difícil de sincerarse, pero en realidad proporciona lo que se necesita para que florezca una nueva etapa de crecimiento. Por eso, sincerarse extremadamente es un elemento clave tan importante como en los programas de psicoterapia, y también en la autoindagación plenamente consciente. Considérelo una forma de "terapia suave", en la que su curación enraíza en lugares oscuros y crece a plena luz de la consciencia y de la compasión por sí mismo.

Requiere valor explorar su mente. Cada expedición personal

hacia dentro constituye un viaje del héroe. Ármese de valor y sepa que, con independencia de lo doloroso o difícil que sea, cada nuevo descubrimiento constituye un nuevo paso hacia la libertad. Un camino plenamente consciente a la hora de trabajar con las emociones difíciles, incluyendo la vergüenza, consiste en dejarlas que sean parte de su práctica de meditación. No hay necesidad de censurarlas o de expulsarlas, simplemente reconozca los sentimientos incómodos cuando practique. Aunque pueda dar miedo, volverse hacia dentro, hacia los lugares oscuros, le permite sanar su corazón. Con el tiempo, a medida que sumerja los dedos de los pies en el agua fría de los miedos y los saque, empezará a aclimatarse a la temperatura. Tómeselo con calma y acéptese con amabilidad y compasión a lo largo de este proceso. Con el tiempo, podrá reconocer que hay maestros en todas partes, como expresó Rumi tan bellamente en su poema «La casa de huéspedes» (1997):

> Este ser humano es como una casa de huéspedes.
> Cada mañana, un recién llegado,
> una alegría, una decepción, una maldad,
> un momento de consciencia llega
> como visitante inesperado.
> ¡Dales la bienvenida y entretenlos a todos!
> aunque sean multitud de penas
> que violentamente vacían tu casa
> y arrasan con los muebles.
> Aun así, trata a cada huésped honrándole,

tal vez esté limpiándote
para una nueva delicia por venir.
El pensamiento oscuro, la vergüenza, la malicia
recíbelas en la puerta riendo e invítalos a pasar.
Siente agradecimiento por cualquiera que llegue,
porque cada uno ha sido enviado
como guía desde el más allá.

Práctica de la atención plena: meditación formal de la atención plena

Las prácticas de atención plena que ha aprendido hasta este momento son todas ellas muy útiles para desidentificarse con el "yo" basado en la narrativa. El escaneo corporal y la atención plena a la respiración le ayudan a habitar totalmente su cuerpo en el aquí y en el ahora. El darse cuenta le ayuda a crear algo de espacio entre usted, sus pensamientos y sus emociones; la autoindagación plenamente consciente le ayuda a iluminar los lugares oscuros y por mucho tiempo descuidados de su interior. Ahora introduciremos la meditación de la atención plena, una práctica que puede proporcionarle una nueva perspectiva radical, que le ayudará a ver que todos los estados corporales y mentales no son permanentes y que están en todo momento cambiando. A medida que lo descubra, le será mucho más difícil identificarse con algo que alguna vez creyó que era temporal.

En la meditación de la atención plena pone su consciencia en la respiración, después en las sensaciones físicas, luego en los sonidos, después en los pensamientos y emociones y, finalmente, en la percatación ecuánime, o momento presente, la consciencia. Esta es la más fluida de las prácticas de meditación de la atención plena. Simplemente es consciente de cualquier cosa que surge en el momento, ya sea algo que predomina y se distingue, ya sean sonidos, sensaciones corporales, pensamientos, emociones u otros estados mentales; los observa siendo testigo de esos fenómenos cambiantes y temporales que van y vienen. Hemos adaptado las instrucciones para este ejercicio de la obra *Mindfulness para reducir el estrés*, de Bob Stahl y Elisha Goldstein (Editorial Kairós, 2010). Lea todo el ejercicio antes de empezar. Dese 30 minutos para esta práctica. Sin embargo, si tiene poco tiempo, puede reducir su duración. Al igual que con el escaneo corporal, quizá descubra que es muy útil grabar las instrucciones y escucharlas en la grabadora mientras practica. Puede también comprar un CD de esta práctica en www.yourheartwideopen.com. Muy pronto se familiarizará con la práctica y no necesitará escuchar las instrucciones. Siéntese en una postura que sea cómoda, pero que le permita permanecer alerta, y ponga en esta práctica su atención plena, sin distracciones.

Comience con un chequeo plenamente consciente, sintiendo sus sensaciones físicas, sus pensamientos y emociones. Cada vez que los encuentre déjelos ser. Puede que sea esta vez la primera ocasión en que usted ha reducido hoy su ritmo, así que simplemente permita lo que está sintiendo. No hay necesidad de imaginar nada, ni de resolver ningún asunto. Simplemente reconozca lo que está en su interior y déjelo ser. Siga con este chequeo plenamente consciente durante 5 minutos.

Poco a poco desplace el foco de la consciencia hacia la respiración, respirando de una forma normal y natural. A medida que inspire, sea consciente de que está inspirando; cuando espire, sea consciente de estar espirando.

Centre su atención en la nariz, el pecho, el vientre o allá donde sienta que la respiración es más importante y perceptible. Si se está centrando en la nariz, sienta la sensación del aire a medida que inspira y espira. Si se está centrando en el pecho o en el abdomen, sienta cómo se expande con cada inspiración y se contrae con cada espiración, tan solo siendo plenamente consciente de cómo siente la respiración en el cuerpo y experimentando la vida en cada inspiración y en cada espiración. Inspirar y espirar y ser testigo de cómo la respiración fluctúa y fluye... Permanezca con la respiración unos 5 minutos.

Ahora retire poco a poco su centro de atención de la respiración y pase a las sensaciones físicas. Hágase plenamente consciente de las sensaciones que surgen y se desvanecen en el cuerpo. Si las sensaciones no son importantes, sienta los puntos en los que su cuerpo está haciendo contacto con la silla, el almohadón o el suelo. Sienta cómo las sensaciones están constantemente desplazándose o cambiando. No hay necesidad de analizar o juzgar las sensaciones. Déjelas simplemente ser a medida que cambian de un momento a otro, sintiendo las sensaciones del cuerpo. Permanezca con las sensaciones durante 5 minutos aproximadamente.

Ahora, retire paulatinamente la consciencia de las sensaciones y ponga la atención en los sonidos.

No hay necesidad alguna de identificar, analizar, juzgar o interpretar los sonidos. Tan solo sea consciente del sonido tal como es, de la forma más básica, un fenómeno auditivo que es tan efímero como la respiración y las sensaciones físicas. Puede que oiga sonidos cercanos o sonidos mucho más lejanos. A medida que profundice en su concentración podrá oír los sonidos internos del cuerpo, como la respiración, el pulso, los latidos del corazón o un tintineo en los oídos. Tanto si los sonidos surgen de dentro como de fuera, son simplemente sonidos que van y vienen. Permanezca con los sonidos durante unos 5 minutos.

Ahora desplace suavemente la atención de la consciencia de los sonidos a los estados mentales, a los pensamientos y emociones. Permítase experimentar cómo los estados mentales van y vienen exactamente como la respiración, las sensaciones y los sonidos. No hay necesidad alguna de imaginarlos ni analizarlos; son solo fenómenos mentales que van y vienen. Perciba cómo van y vienen, igual que los pensamientos y las emociones.

A medida que se vuelve plenamente consciente de los estados mentales, podrá darse cuenta de que la mente tiene una mente propia; está constantemente analizando, comparando, contrastando, apreciando, rechazando, recordando, planificando o llenándose de multitud de emociones. Simplemente permita que los estados mentales vayan y vengan y observe su transitoriedad...; estados mentales que van rodando y rodando... Si descubre que se ha perdido en los pensamientos y emociones, en lugar de ser consciente de ellos vuelva a la respiración para reforzar la concentración y el darse cuenta; después desplace su foco de atención a los estados mentales. Permanezca con los estados mentales durante 5 minutos aproximadamente.

A continuación retire poco a poco su atención de los estados mentales y póngala en el momento presente, como un objeto primario de atención. Observe los fenómenos cambiantes que se presentan: experiencias sensoriales, pensamientos y emociones. Vuelva a meditar y preste atención a las siempre fluctuantes corrientes mentales y corporales. A pesar de que usted permenece tranquilamente quieto, su cuerpo y su mente son fluidos y dinámicos y están constantemente cambiando.

Véase a sí mismo sentado a la orilla de una corriente, observando cualquier cosa que venga arrastrada corriente abajo. A veces hay sonidos, a veces sensaciones, a veces pensamientos y emociones. Si no mucho más está ocurriendo, siempre puede volver al ancla de la respiración. Si ocurre algo doloroso, fluya con ello en lugar de luchar en contra. Deles a los pensamientos y emociones difíciles un espacio para ser. Permanezca con una atención ecuánime durante unos 5 minutos.

A continuación, retire suavemente la atención de la consciencia ecuánime y vuelva a la respiración, sintiendo cómo todo el cuerpo inspira y espira, sienta el cuerpo subiendo con cada inspiración y descendiendo con cada espiración. Sienta el cuerpo como un solo organismo conectado y total.

Cuando llegue al final de esta meditación, felicítese por haberse concedido este regalo de tiempo. Sepa que está directamente contribuyendo a su salud y a su bienestar.

Tómese algo de tiempo para escribir en su diario sobre lo que descubrió en esta práctica: ¿A qué hora del día la hizo? ¿Cuánto tiempo estuvo? ¿Cómo afrontó obstáculos como la inquietud o el aburrimiento? ¿Qué advirtió sobre sus pensamientos, emociones y sensaciones? Escribir un poco en su diario después de cada práctica meditativa puede ser una forma útil de refinar su práctica y de hacerla cada vez más beneficiosa.

A medida que continúe practicando esta meditación de la atención plena, llegará a ver cómo la vida es un flujo, y cuanto más se resista a ese flujo más dolor experimentará. La práctica también le ayudará a desarrollar más ecuanimidad y equilibrio. De este modo, incluso aunque esté experimentando tormentas de falta de autoestima, incompetencia, ansiedad, tristeza, enfado o confusión, puede dejarlas ser y reconocerlas. Como todos los demás fenómenos, estas emociones van y vienen y, cuando les deja usted el espacio que necesitan, puede que desaparezcan con más rapidez.

Comprender la naturaleza efímera y cambiante de la mente y el cuerpo puede ser también una poderosa herramienta para liberarle de quedar atrapado en historias que le limitan. Le ofrece un elevado observatorio desde el que puede darse cuenta de cosas nuevas e inesperadas sobre sí mismo, los demás y todas las experiencias de su vida, y esto le libera para tener nuevas actitudes.

Saborear este viaje

En este capítulo aprendió dos prácticas nuevas de atención plena: la autoindagación plenamente consciente, y la meditación formal de la atención plena. En la autoindagación plenamente consciente, pone el foco de atención de la consciencia, que cultivó en las prácticas previas, en los pensamientos y emociones difíciles y específicamente en aquellos que implican sentimientos permanentes de falta de valía. A pesar de que este trabajo suponga un desafío, sepa que le proporciona una curación profunda cuando empieza a utilizar una consciencia más amplia que le ayuda a desidentificarse de los pensamientos y emociones dolorosas y de las historias limitadoras que construyó sobre sí. La autoindagación plenamente consciente también le proporciona una oportunidad de practicar el desenredarse de las trampas del "yo" basado en una narrativa al centrarse en la inmediatez del momento presente. Durante las siguientes semanas practique con frecuencia esta herramienta. Con el tiempo y la práctica, le ayudará a desarrollar nuevas formas de responder a los sentimientos dolorosos, en lugar de reaccionar de la forma habitual.

La meditación formal de la atención plena es una forma de retornar a la mente del principiante una y otra vez. También le ofrece una visión interior extraordinariamente profunda y sanadora: que todos los fenómenos y experiencias son efímeros. Comprender que todo es impermanente, que "esto también pasará", le ayudará a suavizar las experiencias difíciles y a fortalecer la aceptación. Al mismo tiempo, refuerza la consciencia de qué precioso es cada momento efímero. La consciencia que cultiva en esta práctica constituye verdaderamente la esencia de la atención plena. Le recomendamos que haga de la meditación formal de la atención plena una práctica permanente durante el resto de su vida.

5. Abrirse a la autocompasión

Sea benévolo consigo mismo. Trátese con delicadeza. Tal vez
no sea usted perfecto, pero es lo único que tiene para trabajar.
El proceso de convertirse en lo que llegue a ser
comienza ahora con la total aceptación de quien es.

BHANTE HENEPOLA GUNARATANA

Como ya sabe, una sensación permanente de falta de autoestima se mantiene normalmente con las historias que se cuenta a
sí mismo y que le describen como personalidad. Estas historias
y el "yo" basado en la narrativa que ellas crean pueden a veces
permitirle escapar del dolor de los sentimientos no queridos y
de los que no se ha apropiado, pero construyen una identidad
imperfecta que se siente alienada y separada de los demás, y
crean lo que la psicóloga y maestra de meditación Tara Brach
llama el "trance de la desvalorización" (2004, 5)

La psicología budista considera que es un falso concepto
el de un "yo" separado y fijo que permanece en el tiempo.
Cuando mantenemos este falso concepto, con las historias que

repetidamente nos contamos, creamos un tipo de sufrimiento que eclipsa el dolor original. Algunos principios de la psicología occidental establecen un paralelismo con esta afirmación fundamental de la psicología budista. Por ejemplo, el psicólogo Albert Ellis, considerado por muchos como el padre de la psicología cognitivo conductual, sostuvo que las afirmaciones que nos decimos a nosotros mismos crean la mayor parte de nuestro sufrimiento, en particular las cosas que nos decimos cuando creemos que hemos hecho algo equivocado (Ellis, 1969). Él identificó la autoculpabilización como el núcleo de lo que llamamos vergüenza tóxica en este libro («Porque cometí este error no soy bueno como ser humano»). Ellis enfatizó la diferencia fundamental entre un acto del que uno se puede arrepentir y una identidad dañada. Hacer algo mal y ser una mala persona son dos cosas totalmente diferentes. Decirnos a nosotros mismos que no somos buenos porque hemos hecho algo equivocado es una forma segura de inducir el trance anestésico de la desvalorización.

Como las historias que nos contamos suelen servir para aislarnos de nuestros sentimientos, la curación empieza tan pronto como acogemos estos sentimientos rechazados en nuestras vidas. Una incipiente práctica de meditación constituye con frecuencia el lugar donde empieza el trabajo, ya que estos sentimientos dolorosos y no queridos se dan a menudo conocer introduciéndose totalmente en lo que esperábamos que fuese un pacífico momento de éxtasis meditativo. También se revela inmediatamente la evidencia de la rapidez con que surgen las historias del "yo" inadecuado en cuanto nos acercamos a esos sentimientos dolorosos, como si dichas historias nos ayudasen a escapar de las emociones que todavía no estamos preparados para aceptar.

El dolor es intrínseco a nuestras vidas. No podemos evitarlo, pero escapar es uno de nuestros primeros impulsos cuando encontramos algo doloroso que no podemos cambiar. Cuando todo lo demás falla, podemos intentar escapar desconectando del recuerdo, un acto mental llamado disociación. En ese estado mental, no tenemos que sentir lo que está sucediendo o lo que ya nos sucedió. Por esta misma razón, todas las adicciones sirven para hacer aún más profundo este trance emocionalmente anestesiante.

Casi todos conocemos los esfuerzos para evitar sentir el dolor emocional. A muchos se nos ha enseñado a no llorar, incluso cuando suceden cosas extremadamente tristes, como la pérdida de un ser querido. Al parecer, solemos hacer todo lo que podemos para evitar sentir nuestro dolor, y aunque esto puede funcionar momentáneamente, el corazón herido y abandonado jamás puede curarse en su exilio solitario. Nunca deja de añorar el amor y la compasión.

El corazón que usted ha abandonado sigue esperando allá donde lo dejó, y dentro de él se haya toda la vitalidad que perdió cuando usted dio la espalda a su dolor. La autocompasión le permite abrir la puerta de su corazón y dar de nuevo la bienvenida a la vitalidad y guía de sus sentimientos e integrarlos en su consciencia. Con autocompasión, puede aprender a consolar y sanar el dolor que un día desterró.

¿Qué es la autocompasión?

Para entender la compasión por sí mismo o autocompasión puede ser útil echar una ojeada a la compasión en un sentido más amplio, tal como la sentimos con los demás. En primer lugar, examinemos la palabra en sí misma. El prefijo "com-" evoca acompañamiento y en los orígenes remotos la palabra "pasión" significa "sufrir", así que la palabra "compasión" expresa un acto de unirse con el sufrimiento. Practicar la compasión es volverse hacia el sufrimiento con un corazón abierto y cuidadoso que busca una forma de aliviarlo. Cuando observa el sufrimiento de los demás, se da cuenta de que nadie quiere sufrir, de que todo el mundo quiere ser feliz y estar en paz, exactamente lo mismo que usted. Si no puede hacerse nada para aliviar un corazón turbado, a veces la simple presencia y compañía bastan como bálsamo curativo y muy eficaz.

Puede ser más fácil entender el poder curativo de la compasión cuando reflexiona sobre los momentos de su vida en los que otras personas manifestaron compasión, incluso con pequeñas cosas. Quizá se sintió rechazado en la escuela y una niña que apenas conocía se hizo amiga suya, o tal vez alguien en la sala de espera del médico vio lo mal que lo estaba pasando y le cedió su turno.

La compasión por sí mismo es darse lo que le gustaría que otros le dieran. Significa ser amable y cuidadoso consigo mismo, en lugar de ser duro o crítico. Significa mantener los pensamientos y sentimientos dolorosos sin identificarse excesivamente con ellos o convertirlos en una narrativa sobre su vida. Es una forma de aceptarse a sí mismo, a pesar de no ser perfecto. Cuando aprende a permanecer con las emociones desagradables, estas pueden evocarle recuerdos dolorosos, quizá creados en sus primeras relaciones. Cada recuerdo, por muy doloroso que sea, le entrega otro trozo de su corazón. Bienvenidos sean todos ellos: recuerdos, emociones, y todas las partes anteriormente rechazadas de sí. Esto no solo le ayuda a recuperar su totalidad, también revela una profunda conexión con los demás, ya que cuando aprende a convivir con su propio sentimiento, paulatinamente llega a ver que su dolor es como el de cualquier otro. Cuanto más profundamente puede conectar con su propio corazón, más profundamente puede conectar con cualquier otro corazón. Por supuesto, esto no sucede de la noche a la mañana. Es un camino de paulatino despertar, y la paciencia y la ausencia de lucha le ayudarán mucho en este trabajo.

Para muchos, la autocompasión es más difícil de encontrar que la compasión por los demás. La mayoría de las personas dicen que son más amables hacia los demás que hacia sí mismos (Neff y McGehee, 2008). Sin embargo, en la psicología budista la autocompasión se considera tan importante como la compasión hacia los demás. De hecho, las prácticas de la compasión y de la benevolencia empiezan tradicionalmente con la autocompasión. Esto puede parecer extraño o autoindulgente al principio, pero es curativo darnos a nosotros mismos lo que nuestros corazones siempre han añorado, y esta curación puede flexibilizar las barreras entre nosotros y los demás. A fin y al cabo, nuestro corazón físico se llena de sangre antes de enviar sangre a las demás partes del cuerpo. Si se llena usted de compasión por sí mismo, será capaz de irradiar más compasión hacia los demás.

Curiosamente, la investigación sobre la compasión ha demostrado que las personas más autocompasivas, en comparación con las que tienen menos compasión por sí mismas, son más proclives a perdonar a los demás. Son también las que pueden aceptar los puntos de vista de los demás sin sentirse tan angustiadas por ello (Neff y McGehee, 2008). Creemos que lo contrario es también verdad: que la compasión que usted siente por los demás puede también ayudarle a sentir más compasión hacia sí mismo. Con independencia de en qué dirección fluya, la compasión es como una corriente que crece cada vez más a medida que su canal se hace más profundo.

La trampa del desarrollo personal

En el trabajo sanador de la compasión por sí mismo, es importante evitar la trampa de quedar atrapado en el desarrollo personal. Cuando tiene una sensación permanente de falta de valía, esto puede ser muy complicado. La identidad de falta de valía está formada de autoculpabilización y un diluvio de juicios sobre sí mismo que emite un crítico interno que no quiere saber nada de la autocompasión. Está mucho más interesado en comportamientos masoquistas, como proyectos de mejora de sí con los que nunca está satisfecho. Pero esto lo estanca más en sentirse imperfecto por varias razones, la principal de las cuales es la misma idea de que hay un "yo" defectuoso que se cree indigno al que hay que mejorar.

Como ya hemos expuesto, la psicología budista afirma que el mismo concepto de un "yo" estático y permanente es uno de los espejismos más profundos y constituye una fuente de incesante sufrimiento. Creer que puede usted arreglar el "Yo indigno" simplemente le deja atrapado en una búsqueda sin fin en pos de "ser suficientemente bueno" a través de nuevos talleres, nuevas terapias, una dieta mejor o un programa de ejercicios. En muchos aspectos, no es muy diferente de estar luchando por más dinero o más cosas. Es simplemente una variante del querer eternamente algo más o mejor. He aquí cómo funciona la trampa: establecer una meta de un "yo" mejor hace surgir el deseo. El deseo hace surgir la lucha, la lucha hace surgir el juicio. Y el juicio se convierte en una forma de vida que tiñe todo con una visión crítica: «Oh, ¡me gusta eso!», «Oh, ¡me gusta aquello!», «Oh, ¡esto es bueno!», «Oh, ¡eso es malo!». Nunca se detiene y mientras la mente está ocupada en esto, no está en el aquí y ahora. Está preocupada por conseguir algo diferente. Esta codicia de ser mejor de alguna manera puede llenar toda su vida y nunca ser satisfecha. Recuerde: este momento es verdaderamente el momento de su vida, y lo que es importante es estar aquí para él, realmente vivir aquí y ahora. No hay otro momento para vivir. La mente que está permanentemente luchando para obtener un lugar o una condición mejor crea el sufrimiento al abandonar el presente, que es el único lugar donde podemos vivir el amor, la paz y la felicidad. Cuando usted está en algún lugar que no es el ahora puede perder las experiencias más preciosas de su vida. Puede ser como buscar su cámara para preservar una experiencia que acaba perdiendo porque está buscando su cámara de fotos. Una mente que se proyecta en el futuro está centrada en alguna meta, y aunque alcance esa meta, la mente que lucha compara la nueva situación con la anterior asegurándose así de que usted permanezca constantemente preocupado con el pasado y con el futuro y rara vez, si es que sucede, vive realmente en el aquí y ahora. Vivir en el presente no significa que usted descarte sus metas, ya sea tener un buen coche que tiene que pagar, trasladar su familia a una casa mejor o a un vecindario más seguro, o perder peso; significa permanecer orientado en el aquí y ahora mientras actúa para conseguir lo que quiere.

La mente que juzga puede siempre encontrar algo que no está totalmente bien, sobre todo cuando está buscando a partir de esa cosa nebulosa llamada "yo". Tendemos a formar los estándares de vida por los que nos juzgamos a nosotros mismos mirando alrededor y comparándonos con los demás, pero si usted considera los miles de millones de personas que hay en este planeta, comprobará que esta es una propuesta perdedora. Siempre habrá alguien más delgado, más en forma, más amable, más realizado, más atractivo, más popular, o lo que sea.

Darse cuenta de lo que hace con su mente y con estas

comparaciones puede ayudarle a ver cuánto sufrimiento viene causado por la corriente sin fin de estos juicios y la violencia de la autocrítica. Puede, por ejemplo, odiar su barriga y querer quitársela o desechar lo que realmente piensa y dejar de decirlo. Pero odiar y criticar cosas suyas solo crea más sufrimiento. Es como una estrategia militar basada en la idea de que la guerra puede crear la paz, de que si logra reducir a añicos el "yo" inadecuado, o quizá limitarse a amenazar con hacerlo, se sentirá al final a gusto y en paz. Esta forma de pensar solo logra grabar más profundamente en su cerebro las conexiones neurológicas del sufrimiento y colorear sus pensamientos con discursos sobre lo que no hace bien y cómo tiene que mejorar.

El camino hacia la paz nunca pasa por hacer la guerra, y el camino hacia la felicidad nunca pasa por el odio. La paz es el camino de la paz, y la felicidad proviene de la felicidad. Si quiere aumentar la compasión en su vida, practique la compasión. Si quiere aumentar la actitud crítica en su vida, practique la crítica. En realidad, esto es muy simple: su actitud es el agua que riega su vida. Puede usted promover los sentimientos de falta de autoestima e incompetencia derramando autoculpabilización y autocrítica, o puede promover sentimientos de felicidad y bienestar derramando autocompasión.

La cualidad de su actitud viene influenciada por muchos factores, pero especialmente por su carácter y su forma de ver y actuar en la vida. Si tiene una forma crítica de ver las cosas, encontrará miles de detalles susceptibles de crítica y podría encontrarse enredado en la trampa de la mejora de sí gran parte de su vida. Si tiene una forma compasiva de ver las cosas, encontrará muchas oportunidades para la compasión y podría descubrir la libertad y la felicidad en su vida en este mismo instante. Puede aumentar la actitud autocompasiva tanto si atiende a su dolor y su vulnerabilidad, como si reflexiona sobre los errores que ha cometido y que hirieron a otras personas. Usted aumenta la autocompasión practicándola, del mismo modo que un pianista se hace más virtuoso practicando el piano. Pequeños errores, como olvidarse algo en la tienda, o grandes errores, como olvidar su aniversario de boda, pueden convertirse en oportunidades para aumentar un poco la benevolencia hacia sí y la autocompasión.

Sí, existen muchas lágrimas que verter, al igual que errores embarazosos, y a veces elecciones vergonzosas, de los que responsabilizarse, pero aun cuando sea sacudido hasta la médula por emociones difíciles que se le agolpan, puede atender a su corazón herido con aceptación y compasión por sí mismo. De este modo puede potenciar los valores que le gustaría cultivar para sí, incluso mientras atiende al sufrimiento con una atención amistosa y amable. Con el tiempo, el sufrimiento se desvanece lo mismo que las lágrimas de un niño se secan después de que se le ha mecido y cantado suficientemente. Cuando se ha aliviado el dolor, su rostro cambia y se vuelve hermoso con la calma después de la tempestad. Sepa que para usted también vendrá un tiempo en que habrá llorado todas sus lágrimas y le inundará un sentimiento de paz que le confortará. Este es uno de los grandes tesoros de la atención plena y de la compasión por sí mismo.

El niño oculto y herido

Observando profundamente los hábitos repetitivos y disfuncionales de nuestra vida, con frecuencia descubrimos que vienen generados por un dolor mayor, un dolor que todo el caos que hemos creado sirve para oscurecer. La fuente de este dolor suele ser un corazón inocente y herido que ha sido durante mucho tiempo escondido y desechado. Es un acto de autocompasión simplemente buscarlo y permanecer junto a esta inocencia herida con consciencia y presencia bondadosa. Considere la forma en que una madre amorosa tiene en sus brazos al bebé que llora mientras escudriña su rostro para entender por qué es infeliz. Todo su corazón anhela consolar a su bebé, entender su dolor y ayudarle por todos los medios. Sufre con él. Adopte esta actitud consigo mismo. Esto le permite atender al sufrimiento de su propio corazón sin desmoronarse. No mire hacia otro lado; no caiga de nuevo en el mismo viejo enjambre de sentimientos de autoprotección. Su capacidad de autocompasión es mayor de lo que cree y puede mantener este dolor en su corazón. Vuélvase hacia su sufrimiento con consciencia y benevolencia. Busque formas de mirarse con ternura y compasión. Cada vez que vuelve a ese lugar, puede aumentar un poco más su autocompasión, permitiéndole dar otro paso para emerger del trance aletargado de la desvalorización.

Al final todo se reduce al amor

Hemos expuesto alguna de las formas en las que ahondamos y perpetuamos los hábitos mentales por repetición. Hasta ahora hemos mostrado la cara negativa de este proceso: la creación del "yo" basado en una narrativa y en conceptos limitadores de sí. Sin embargo, también tiene su cara positiva, algo que Henry David Thoreau expuso hace más de 150 años: «Al igual que un solo paso no hace un camino en la Tierra, un solo pensamiento no va a hacer una ruta en la mente. Para hacer un camino auténtico hay que caminar una y otra vez. Para hacer un camino mental profundo, tenemos que pensar una y otra vez la clase de pensamientos que deseamos dominen nuestras vidas» (2006, 27).

La sabiduría existencial de Thoreau se ha confirmado con recientes trabajos de investigación neurológica llevados a cabo por Richard Davidson en la universidad de Wisconsin (Davidson y otros, 2003; Davidson, 2009). Con cada experiencia, en particular con las experiencias emocionales, su cerebro se regenera cambiando su estructura física y creando nuevas conexiones neurológicas que se vuelven más fuertes (lo mismo que los senderos quedan más marcados) cuando pensamos en ellas y las sentimos una y otra vez.

La investigación del doctor Davidson demostró que podemos moldear a voluntad nuestro cerebro y cambiar nuestros rasgos emocionales de manera beneficiosa y que estas habilidades se pueden aprender. Las investigaciones con escaneo cerebral han mostrado que las personas que habían participado en un programa de ocho semanas de reducción del estrés basado en la atención plena habían incrementado la actividad de su lóbulo prefrontal izquierdo, una zona del cerebro asociada a las emociones positivas, el buen humor y el autocontrol. Además, vivían con menos ansiedad y mostraban una mejora significativa del funcionamiento inmunológico. Esto viene a demostrar que un período tan corto de entrenamiento en la meditación de la atención plena y en la práctica de la benevolencia puede mejorar su capacidad para disfrutar de la vida. En sus observaciones finales de una conferencia de 2009, el doctor Davidson dijo: «todo se reduce al amor», un resumen interesante proveniente de uno de los neurocientíficos más relevantes del mundo (Davidson, 2009).

Nunca subestime los poderes del amor, y considere que incluso una pequeña vela ilumina y disipa la oscuridad de la noche. Existe un antiguo proverbio budista que afirma: «el odio nunca cesa con el odio; solo cesa con el amor. Esta es una verdad eterna» (Goldstein, 2003, 125).

Todos estamos juntos en esto

Como todos estamos interconectados, con que tan solo una mente humana se transformase por el amor podría crear una onda que contagiara a muchas más vidas y estas se transformasen. Los seres humanos nos influenciamos mutuamente, a veces mucho y a veces poco, para bien y para mal. Si un corazón se cierra, muchos otros también se cierran; si un corazón despierta, muchos otros pueden también despertar.

¿Se ha encontrado alguna vez atrapado en un aeropuerto o en cualquier otro lugar durante mucho tiempo con mucha gente? Como no tiene ninguna otra posibilidad, excepto someterse a las circunstancias del momento, se libera temporalmente del típico impulso orientado hacia la consecución del objetivo de llegar a algún lugar a tiempo. En esas circunstancias puede empezar a observar a las personas que están a su alrededor de una forma diferente. Puede entablar conversaciones o encontrar cosas en común y encontrarse finalmente considerando la situación de un modo diferente. En el lugar en que se vio atrapado y contrariado, puede mirar alrededor y percatarse de que todos están juntos en esa misma circunstancia, de que uno no está solo en esa situación.

En momentos como esos, puede darse cuenta de que todo el mundo tiene que afrontar problemas, y, a menudo, la misma clase de problemas a los que usted se enfrenta. Todos tenemos que encontrar una forma de afrontar el dolor de la decepción, la frustración, el fracaso y la pérdida, y nadie está exento del sufrimiento. Este aspecto universal de la compasión puede ayudarle mucho a liberarle del trance de la falta de autoestima.

Lo mismo que desarrollar la autocompasión contribuye a desarrollar compasión por los demás, comprobar que todos estamos en esto juntos, todos a merced de las circunstancias de la condición humana, contribuye a su capacidad de sentir compasión por sí mismo. En lugar de aislarse con una historia de ser de algún modo fundamentalmente diferente y de ser irremediablemente imperfecto, compruebe que todos los demás tienen experiencias similares. Con el tiempo puede aprender a expandir el mismo tipo de aceptación y bondad que empleó hacia los demás aplicándoselo a sí mismo

Cultivar la autocompasión

La autocompasión supone ablandar el corazón y darse un respiro de la autocrítica con amabilidad y cariño. Comprender que criticarse a sí mismo (o a los demás) constituye una fuente de sufrimiento y una actividad totalmente opcional de la mente pensante.

Puede esto no parecerle así por el momento, pero a medida que recorra el camino de la atención plena y la autocompasión, descubrirá más adelante que hay en usted muchas más cosas buenas que malas. A veces podemos encontrar en nosotros lo que está bien, es íntegro y vale la pena solo después de habernos abierto y habernos permitido sentir el dolor que hemos estado evitando. El lugar de una herida es en realidad el terreno de la curación; la forma en la que un corazón se reconstituye no es menos maravillosa que la forma en que se reconstituye la piel de una rodilla rasguñada. Si atiende con compasión a su corazón herido, la curación puede producirse por sí misma. Si atiende a su corazón herido con un juicio negativo, avivará las llamas del sufrimiento.

Puede practicar el cuidado amoroso y tierno en todas las circunstancias de su vida. Tal vez se pregunte por dónde empezar. Intente esto: la próxima vez que haga algo que perciba como una equivocación o algo embarazoso, diríjase a sí mismo como un padre amoroso se dirige a un niño con palabras como estas: «Bendito sea tu corazón. Sé lo mal que debes sentirte. Siento mucho que hayas tenido que pasar por esto». A continuación, intente sentir más profundamente la emoción que le embarga; considere incluso la posibilidad de colocar la mano en el lugar del cuerpo en el que siente más la emoción. Dígase a sí mismo: «¡Desde luego la sensación es horrible! A nadie le gusta responsabilizarse o afrontar las consecuencias de las acciones erróneas». De este modo, puede mantenerse con bondad y dejar que usted sepa que es querido incluso cuando está dolido y es infeliz. Recuérdese a sí mismo que todo el mundo comete errores. Permanezca atento, con una actitud benévola consigo mismo, hasta que sienta que se desvanece el dolor. La compasión puede ayudarle a afrentar cualquier cosa que suceda con más consciencia; de este modo obtiene una visión más profunda de cómo podría actuar en el futuro con más impecabilidad.

Estas expresiones de bondad son más curativas cuando puede usted aplicarlas al niño herido y asustado que está en su interior y expandir la autocompasión a todas las lesiones y heridas que sufrió hace tiempo. A medida que examina sus patrones de autoculpabilización y vergüenza, tal vez pueda ser absolutamente consciente de cómo esos patrones en los que confiaba como un niño le abaten. Permanezca con estos sentimientos, poniendo su atención en la angustia del niño abandonado, en lugar de intentar expulsar esos sentimientos.

Si puede aprender a responder a estos sentimientos con aceptación y bondad en lugar de evitarlos, es posible que empiece a fluir un gran río de pena y de dolor, que se desborden por partes de su corazón que han permanecido ocultas detrás de la autoculpabilización durante tantos años. Si permanece con una actitud compasiva respecto a esa angustia, descubrirá que las críticas con las que ha estado viviendo durante tanto tiempo han sido un sustituto de los sentimientos delicados que están surgiendo, y que han servido para oscurecerlos. Manteniéndose a sí mismo en los brazos de la compasión, puede decirse: «No es extraño que hayas estado tan enfadado y hayas sido tan infeliz. Era simplemente demasiado doloroso para que un niño pudiera aceptarlo. Pero no culpa tuya que te sucedieran estas cosas y fuiste tan valiente que hiciste lo que pudiste». La autocompasión significa darse a sí mismo lo que otros pueden no haber sido capaces de darle, como muy bien expresa Rumi en estos concisos versos (2010, 351):

Se subasta una perla.
Nadie tiene dinero suficiente,
así que la perla se compra a sí misma.

La autocompasión le permite saber exactamente quién es, dónde está y como es, dándole los medios para permanecer con su dolor en lugar de hilar historias sobre él. La compasión surge de la presencia plenamente consciente y de cuando atiende al dolor como parte inevitable de la vida. El corazón abierto expande la autocompasión a todas las partes de su ser, incluido el crítico interno que le juzga tan despiadadamente.

Cuando se desidentifica de su crítico interno y de su sensación de falta de valía o del sentimiento de ser una víctima y se vuelve a centrar en la perspectiva de la consciencia plenamente atenta del no juicio, puede ver que es posible escoger una respuesta compasiva, en lugar de una reacción crítica a lo que ve como testigo de su mundo interior y del mundo que lo rodea. La actitud crítica y la cólera suelen surgir de lo que Daniel Siegel llama en su libro *The Mindful Brain* (2007) una orientación "descendente", que se origina en un sentido del "yo" mentalmente dominado o basado en una narrativa. La compasión surge de lo que él llama una orientación "ascendente", que se origina en el cuerpo y en el corazón. Estas orientaciones constituyen simples hábitos, y aquellos a partir de los cuales ha actuado son algo completamente opcional.

Los múltiples caminos de la autocompasión

Investigar cómo puede cultivar la autocompasión en su vida implica explorar cómo se relaciona con su cuerpo, sus pensamientos y emociones, y también cómo escoge y mantiene sus relaciones. El considerar cómo se puede ser más compasivo hacia nuestro cuerpo puede ayudarnos a ver qué poca compasión tenemos por nosotros mismos y cuánto esfuerzo físico hacemos. Quizá se vea respondiendo a un correo electrónico más, cuando ni siquiera ha ido al baño desde hace horas; tal vez esté comiendo comida basura de la máquina automática más cercana; puede estar convenciéndose de que no tiene tiempo para hacer ejercicio físico; o tal vez tenga un cierto perverso sentido de orgullo de lo poco que necesita dormir. Poner la atención sobre las muchas formas en que maltrata su cuerpo puede proporcionarle una profunda visión interior de cómo empezar a practicar la autocompasión en este mismo instante con solo dar la vuelta a muchos de estos hábitos.

Lo mismo sucede con los pensamientos y las emociones. Puede aprender a observar los pensamientos y las emociones desagradables con compasión por sí mismo, e incluso llegar a sentir una cierta compasión por el crítico interno (lo que a menudo le ayuda a calmar esta continua fuente de autocrítica). Cuando advierte que ha sido duro consigo mismo por algo, como haber llegado tarde a una cita, puede usted dirigirse a este autocrítico con un reconocimiento amable, del estilo: «Se trata solo de una equivocación; te quiero de todas maneras». Si se da cuenta de que está rumiando acerca de un sentimiento como la autoculpabilidad y diciéndose cosas que simplemente le hacen sentirse más culpable, puede reconocer esta autocomplacencia insana; por ejemplo, podría decir: «Es simplemente un festival de culpabilidad», o: «¿echarme encima más culpa me ayudará realmente a aprender de este error?». Aprender a hacer caso de nuestros pensamientos y de nuestras emociones con esta clase amistosa de atención constituye para la mayoría de las personas una forma muy diferente de estar en el mundo.

Cuidarnos a nosotros mismos en las relaciones con los demás es otra forma de cultivar la autocompasión. ¿Tiene necesidad realmente de seguir con relaciones que le hacen sentirse pequeño o menos vivo? ¿Necesita realmente mantener otra conversación telefónica con el "amigo" que simplemente le llama cuando necesita consejo o apoyo? ¿Tiene siempre que aceptar invitaciones a comer de un compañero de trabajo al que le gusta chismorrear sobre los demás compañeros? ¿Por qué no intentar apartarse de las relaciones que le vacían de energía y nutrir las relaciones que le hacen sentir querido y apreciado y que sacan lo mejor de usted? Se supone que estamos aquí para amarnos mutuamente y cuidarnos unos a otros en el sentido más profundo del término, y que cultivar las relaciones que manifiestan estas cualidades constituye el verdadero corazón de la compasión.

Ejercicio: cultivar la autocompasión

Como ya se ha mencionado, para la mayoría de la gente es más difícil la autocompasión que ser compasivo con los demás. Así que, en este ejercicio, cultivará la compasión por sí mismo considerando qué clase de apoyo daría a un amigo en su situación.

Si se encontrara con una amiga y le confiara que se siente completamente sin valor y avergonzada, ¿cómo intentaría apoyarla? ¿Qué le diría para aliviar su corazón apenado? ¿De qué otra forma le expresaría su cariño y compasión? Tómese unos momentos para reflexionar sobre esto y después dese algún tiempo para escribir en su diario acerca de lo que diría a su amiga.

A continuación considere algunas ocasiones en las que usted también se sintió triste o infeliz y dígase algunas de las frases de compasión como las que diría a su amiga.

Note lo que sucede en su cuerpo y en su mente cuando se concede a sí mismo esas expresiones de compasión y de benevolencia. Ponga atención en lo que le sucede corporal, mental y emocionalmente. Vuélvase hacia su propio corazón doliente y coloque si quiere su mano en el pecho; después reconozca: «yo cuido este sufrimiento». Profundice en este sufrimiento e investigue la actitud que tendría hacia un amigo o una persona querida que atravesara esta circunstancia.

Sepa que todos los seres humanos tienen que afrontar el sufrimiento en su vida y que muchos otros han sufrido del mismo modo que está usted sufriendo ahora. Cuando integre esta verdad del ser humano, podrá encontrar un sentido de conexión con los demás que disipe el trance de aislamiento que el sufrimiento personal puede inducir. Entienda que nadie está exento de sufrir.

Respire en las zonas más tensas de su cuerpo, invitándolas a relajar la tensión con cada espiración. Sea tierno y cariñoso, incluso con cualquier comentario que surja de su crítico interno. Tan solo permita que los pensamientos poco amables vayan y vengan y sepa que probablemente estos surjan del miedo y que, como todos los demás fenómenos, también pasarán. Ponga su atención en cualquier sentimiento herido con autocompasión y utilice este espacio de tiempo para estar consigo mismo con benevolencia. De vez en cuando repítase a sí mismo: «Estoy cuidando este sufrimiento».

Cierre este ejercicio practicando la respiración plenamente consciente durante 10 minutos. Dese las gracias y congratúlese por haberse dado este regalo de atención plena y autocompasión.

Tómese algo de tiempo para escribir en su diario sobre sus experiencias con este ejercicio. ¿Cómo fue tratarse a sí mismo con compasión?

A veces tenemos que aumentar la compasión por los demás antes de poder descubrir la compasión por nosotros mismos. Su corazón se expande cuando piensa en otras personas con compasión. Esto también sucede cuando piensa en sí mismo con un sentimiento de cuidado y cariño. Su corazón se expande como se abre una granada madura, plena de cariño y compasión, que literalmente esta ya fuera de su cáscara.

Práctica de la atención plena: meditación de la autocompasión

Esta práctica se apoya en la práctica de la autoindagación plenamente consciente que aprendió en el capítulo 4, que le ayuda a poner la atención, incluso en sentimientos dolorosos, con un corazón abierto y a darles la bienvenida en lugar de huir de ellos. La autocompasión le permite estar con su vulnerabilidad y su dolor con cuidado, y vivir con su corazón plenamente abierto. En el momento en que acepta íntegramente las partes heridas de sí mismo de las que no se apropió, pueden empezar a caer las cáscaras de su antiguo "yo" basado en una narrativa.

Todos actuamos torpemente a veces y tomamos malas decisiones que hieren a otras personas, y todos a veces somos heridos por las acciones de los demás. En lugar de desechar estos pensamientos y sentimientos, y en lugar de corregir algo o a alguien, permanezca simplemente con esos pensamientos y esos sentimientos tal como surgen, con curiosidad y consciencia. Cuando practique la meditación de la autocompasión, ponga la intención en abrirse a todos sus pensamientos, sus emociones y sus sensaciones, y en dejar que todas las corrientes de la percepción fluyan a través de usted sin alterarlas. La práctica consiste en permanecer consigo mismo tal y como es.

Revise de nuevo la práctica del AWARE del capítulo 4 antes de emprender la siguiente meditación. Dese al menos 30 minutos para esta práctica. Elija un lugar donde se sienta seguro y cómodo. Si lo desea, coloque en una repisa cercana algunos objetos que sean especiales y reconfortantes para usted, encienda una vela, o ponga unas flores en este espacio que crea para sí. Sepa que está dándose un regalo de amor.

Empiece practicando la atención plena de la respiración durante 10 minutos, volviendo a la respiración con autocompasión cada vez que pierda la atención. A lo largo de toda esta práctica, utilice la herramienta AWARE del capítulo 4 (permitir, ser testigo, reconocer, soltar y relajarse) para trabajar con los pensamientos y emociones que le surjan. Deje que sus pensamientos y emociones vengan y vayan. Permanezca atento…

Mientras está en contacto con su respiración, recuerde una de las emociones más intensas que aparecieron durante los 10 minutos de la respiración consciente. Si no aparecieron emociones intensas, simplemente recuerde una experiencia reciente de emoción intensa. Advierta lo que sucede en su cuerpo cuando nota esa emoción y respire en esas zonas del cuerpo afectadas. Esté abierto y atento a cualquier otra emoción que pueda aparecer. Tal vez sienta la vergüenza como una cuerda alrededor de su pecho que le mantiene atado y le dificulta respirar. ¿A qué se parece la emoción que está sintiendo? Si profundiza en esa emoción, quizá descubra otros pensamientos y emociones, tal vez odio por sí mismo que le llega al vientre, donde se retuerce y le duele. Continúe prestando atención. Profundice en lo que está sintiendo y permanezca en su cuerpo. Deje que suceda en él y en su mente cualquier cosa que esté sucediendo. Dese cuenta de si aparecen antiguos recuerdos no deseados que estaban escondidos. Si es así, déjelos llegar y dese cuenta de cuál es la sensación corporal.

Permita que exista cualquier cosa en esta especie de atención abierta y no bloquee nada. No permita que el trance de la falta de autoestima absorba su corazón. Permanezca cerca del dolor con compasión. Es el corazón despierto que le acompaña y sana. Está todo sucediendo aquí y ahora donde está su cuerpo. Permanezca con todo lo que está experimentando y recuerde que esta práctica consiste en ofrecerse compasión a sí mismo y en sentir dicha compasión. No se trata de imaginar nada o de tapar ni de liberarse de nada. Recuerde que todo se reduce al amor, incluido el amor por sí mismo. Todo se reduce a lo que está haciendo en este momento. Utilice la respiración como una forma de permanecer ligado al instante, dejándola ir y venir a su voluntad.

De la misma forma que permite que su respiración venga y vaya libremente, permita que sus emociones vengan y vayan en libertad. Dese cuenta de cualquier juicio que aparezca cuando permite que surjan emociones intensas o no deseadas. Dese cuenta de cómo los juicios afectan a sus emociones, tal vez bloqueándolas o eliminándolas, o quizá generando otras emociones. Acoja todas las emociones que observe y reconozca los juicios sin recrearse en ellos. Permanezca compasivamente con cualquier emoción que aparezca. Dele la bienvenida con amabilidad y salga al encuentro de ella con suavidad y ternura. Acúnese en los brazos de la autocompasión y esté atento a lo que siente. Siga con esta práctica y sus emociones todo el tiempo que desee.

Cuando esté listo para acabar, vuelva a practicar la respiración consciente durante 10 minutos.

Dese las gracias por haberse permitido el tiempo
de cuidarse de esa forma.

Tómese algo de tiempo para escribir en su diario lo
que surgió en esta práctica. Escriba sobre cualquier
emoción que notó vinculada a otra; por ejemplo, la
indefensión hace surgir el miedo o el miedo evoca la
cólera. Escriba sobre todas las emociones que surgieron aquí y si cambiaron –y cómo– cuando las trató
con autocompasión.

A medida que continúe con la práctica de la autocompasión, tal vez se dé cuenta cada vez de más
cosas sobre el "yo" que había creado con todas sus
viejas historias. Tal vez usted intentaba ser especialmente bueno para contrarrestar los problemas de su
familia; quizá aprendió a entregarse generosamente
como una forma de recuperar la valía de la que creía
carecer. La autocompasión le deja estar con todo el
dolor, la soledad y el miedo que el "yo" basado en la
narrativa había ocultado. En el corazón totalmente
abierto de la autocompasión empezará a sanar el
niño herido que se hallaba dentro de usted.

Saborear este viaje

En este capítulo hemos presentado una meditación de autocompasión, que le ayudará a cuidar su corazón herido. Abrirse
a sí mismo con bondad y ternura le ayudará a transformar las
viejas heridas en campos de profunda curación. Interiorizar
totalmente esta práctica le aportará una sensación de totalidad
y autoaceptación que podría haber pensado que sería imposible. Le recomendamos que practique esta meditación frecuentemente durante las próximas semanas, porque se aproxima al
concepto de Thoreau de sendero mental profundo que crece a
través de la repetición. Y como el sendero de la compasión es
expansivo y no unidireccional, a medida que desarrolle más
autocompasión aumentará en usted la capacidad de expandir la
compasión y la benevolencia hacia los demás. Conforme pase
el tiempo, continúe practicando la meditación de la autocompasión cada vez que se dé cuenta de que está volviendo a viejas
historias habituales y autolimitadoras de falta de autoestima o
vergüenza. Recuerde que la autocompasión constituye uno de
los ocho fundamentos de la atención plena. También es esencial vivir con su corazón plenamente abierto.

6. Abrirse a la benevolencia

¿Cómo pudo abrir su corazón la rosa y darlo a este mundo
en toda su belleza? Sintió el ánimo de la luz en todo su ser,
de otro modo nosotros seguiríamos demasiado atemorizados.

HAFIZ

En el capítulo anterior aprendió algunas prácticas para cultivar
la autocompasión. La palabra "práctica" es muy adecuada. Se
trata de cosas que necesita trabajar, lo mismo que practicaría
con un instrumento musical. Como se expuso en el capítulo 5,
la investigación en neurociencia ha revelado que la repetición
de prácticas como la atención plena y la benevolencia puede ayudarnos a establecer nuevas características (Davidson,
2009). Tal vez, por eso, maestras de meditación como Mary
Grace Orr, una compañera nuestra, sugieren con frecuencia
a sus estudiantes una práctica de benevolencia de 100 días.
Afirma que cuando se han acabado los 100 días de practicar
la benevolencia dirigida a sí mismo y a los demás, puede realmente experimentarla.

Podemos afirmar que usted puede desarrollar nuevas formas de verse a sí mismo y de ver el mundo que le ayudarán a vivir con un corazón abierto. Desde nuestra perspectiva, vivir con un corazón abierto significa tener su corazón abierto y partido por el amor. Significa estar totalmente abierto a cualquier cosa en el presente y aprender a aceptarlo totalmente, lo bueno, lo malo, lo feo y todos los pensamientos y emociones en el desfile incesante de las alegrías y penas. Este es un trabajo difícil. Un movimiento audaz para abrir su corazón a sus miedos y a otros pensamientos y emociones dolorosos, pero puede llegar un momento en que se dé cuenta de que no hay nada más importante que hacer, porque vivir con un corazón endurecido o escondido es un dolor muy grande de soportar.

Afrontar y aceptar todas estas experiencias implica un cierto tipo de confianza que usted ha estado construyendo a través de la experiencia directa de la atención plena. Usted empezó este trabajo de abrir su corazón con las prácticas de autocompasión en el capítulo anterior. En este capítulo le ayudaremos a abrir más su corazón con prácticas de benevolencia, reconciliación y alegría amorosa.

La historia de Howard

Howard padecía una gran ansiedad que empezaba desde el momento en que se despertaba por la mañana y continuaba hasta el momento en que caía rendido por la noche. A veces persistía incluso a lo largo de toda la noche. Se sentía como si hubiese sido sacudido por estos sentimientos desde siempre y recordaba que había estado nervioso e inseguro incluso siendo niño. Cada vez que se encontraba ante una situación social incómoda, normalmente empezaba a sudar, sentía que se aceleraban los latidos de su corazón y empezaba a respirar agitadamente. Él tendía a huir de este tipo de situaciones y, con el tiempo, empezó a evitarlas del todo.

Howard despreciaba como se enfrentaba a su vida, se sentía cobarde e inútil. Se sentía muy solo e incómodo dentro de su propia piel. Y por si no fuera bastante malo sentirse imperfecto y desesperanzado, había empezado a padecer cada vez más insomnio y estrés. No quería tomar somníferos ni ansiolíticos, así que cuando leyó que la reducción del estrés basada en la atención plena podía ayudarle se interesó y se inscribió en una clase.

En su primera clase se dio cuenta de que no estaba solo en su lucha, y solo saber que muchas personas también se veían asaltadas por la ansiedad le alivió inmediatamente. Estaba impresionado por el valor de las personas que se presentaban en el curso y expresaban en voz alta que vivían con ansiedad. Cuando llegó su turno hizo el esfuerzo de tener el coraje de compartir su situación. Inmediatamente después sintió que se había quitado un peso de encima. También se sintió orgulloso de sí mismo por haber tenido la valentía de expresarse y expresar su verdad. Esto supuso el primer rayo de esperanza que había tenido desde hacía mucho tiempo.

A medida que pasaron las semanas y Howard iba siendo testigo de cómo otras personas se abrían a sus miedos y se liberaban de ellos, reunió el valor para afrontar sus propios temores. Mientras se afirmaba en su práctica, empezó a mirar más profundamente sus miedos y su dolor. Al final comenzó a reconocer la infancia dolorosa que había tenido y a comprender cómo y por qué había perdido tanta confianza y se había sentido tan aterrado durante toda su vida. Cuando tenía solo ocho años, su hermano menor murió y esto le produjo un miedo por su propia seguridad y la seguridad de las personas queridas. Cuando estos temores quedaron incrustados, el miedo y la desconfianza dominaron su mundo. Esto le hizo diferente, muy difícil de conocer, y ayudó a explicar por qué había tenido tanta dificultad en hacer amigos y por qué tantos niños le habían dado la espalda.

Volver a estar en contacto con ese dolor y ese duelo que habían sido encerrados con candado en su corazón también le ayudó a entender por qué se sentía incompetente en la escuela. La escuela no tenía mucho sentido porque él tenía otros problemas mayores. Mientras lidiaba por entender el sentido de la vida y su impermanencia, no podía interesarse en aprender ninguna otra cosa. El corazón de Howard empezó a abrirse cuando reconoció su dolor y su miedo emocional. Entendió el sufrimiento de su "yo" joven, sintió una gran compasión por ese niño, una gran compasión por su joven "yo". Y, en parte a causa de las historias que otros habían compartido en esa clase, también se dio cuenta de que muchas personas vivían pérdidas similares y luchas parecidas. Estas profundas comprensiones despertaron su corazón a una mayor compasión y amor.

¿Qué es la meditación de la benevolencia o amor universal?

La benevolencia es una práctica de meditación que implica enviar amor incondicional y buena voluntad a uno mismo y a los demás seres. Esta práctica constituye la encarnación de la actitud amistosa y de no discriminación y abre el corazón a las cualidades sublimes del amor altruista. Es un antídoto poderoso para el corazón "indigno". Abrir su corazón a la compasión y a la benevolencia hacia sí mismo y los demás le ayudará a disolver los sentimientos de incompetencia, inferioridad y desconexión. Hemos conocido a muchas personas que descubren una profunda curación a través de esta práctica sincera y sentida.

Puede compararse la luz del amor universal a la de las estrellas, el sol o la luna; brilla sobre todos los seres en todas partes, acercándolos sin excepción ni desviación alguna. Cuando se practica la meditación de la benevolencia, puede expandir este amor generoso e incondicional a todos los seres que habitan esta Tierra. Más adelante, puede expandirlo a lo largo y ancho del universo a todos los seres, incluidos los que aún no han nacido. Esta es una hermosa práctica que abre el corazón y aprecia a todos los seres en todas partes.

Ejercicio: sentirse seguro

La práctica de la benevolencia empieza dirigiendo los buenos deseos hacia sí mismo y después paulatinamente expandiéndolos a los demás. Como es un proceso de apertura de su corazón, es importante que se sienta seguro mientras practica. Al fin y al cabo, si no se siente a salvo, puede volverse controvertido o defensivo, y esto dificulta abrir su corazón con benevolencia. Puede que tenga buenas razones para no sentirse seguro. Quizá fue muy herido en el pasado y ahora le resulte difícil confiar en los demás. Es normal querer protegerse, así que nos gustaría ofrecerle una práctica para trabajar con esto.

Tómese ahora mismo un momento para sentir su cuerpo y su mente. Dese cuenta de cómo se siente física, mental y emocionalmente. ¿Están a salvo sus sentimientos o no?

Tómese unos minutos para escribir en su diario sobre cómo se está sintiendo. ¿Cuáles son las sensaciones físicas que tiene? ¿Qué pensamientos o emociones están asociados con estas sensaciones?

Si está sintiendo inseguridad, ¿está abierto a explorar ese sentimiento ahora mismo? Si no está abierto a explorarlo ahora mismo, cuídese y haga lo que necesite para sentirse seguro.

Si está preparado para examinar en detalle por qué no se está sintiendo seguro, empiece reconociendo lo que está sintiendo. Permítase sentir cualquier experiencia física, mental o emocional que surja y simplemente déjela ser. Deje que las ondas de esta experiencia ondulen y resuenen hasta donde necesiten ir, simplemente dejando espacio a lo que sea.

Cuando permite que estas experiencias sean, llega a ver que cualquier cosa que surge también se desvanece. También llegará a entender lo que alimenta el sentimiento de no estar seguro. Con el tiempo, esta comprensión interior puede ayudarle a liberarse.

Sienta su piel, su carne y sus huesos, todo su cuerpo que está aquí y ahora en esta habitación meditando. Sepa que ahora se halla en un lugar seguro, y que no hay ningún peligro de abrir su corazón... Inspirar y espirar, y abrirse a sentirse a salvo.

¿Se está sintiendo seguro ahora? ¿Puede relajarse interiormente ahora mismo y sentirse a salvo?

Tómese algún tiempo para escribir en su diario sobre lo que surgió física, mental y emocionalmente cuando estaba realizando este ejercicio. ¿Fue capaz de entrar en un espacio interno de sentirse seguro? Si no fue así, ¿qué hizo para cuidarse a sí mismo? ¿Cómo se está sintiendo ahora mismo después de escribir sus experiencias?

Cultivar un sentido de seguridad ayuda a nutrir las condiciones para practicar la meditación de benevolencia o amor universal. Cuando se siente a salvo en el interior de su ser, es más fácil abrir su corazón para expandir el amor hacia sí mismo y hacia los demás y agrandarlo.

La historia de José

José tenía mucha cólera. Parecía que se enfadaba con todo lo que lo rodeaba y sentía que no se le trataba justamente. No le gustaban sus compañeros de trabajo, cómo conducía la gente, no le gustaba doblar la ropa ni lavar los platos, se impacientaba ante los semáforos en rojo y, en especial, no le gustaba en absoluto que su novia le pidiese que fuese más amable.

Cuando su jefe le recomendó que asistiera a talleres para controlar la cólera, pensó que no los necesitaba. Y cuando un amigo al que respetaba le recomendó un programa de reducción del estrés basado en la atención plena, le respondió que pensaba que la atención plena era "un montón de mierda". Pero su vida no funcionaba. Había ya recibido un par de amonestaciones por haber estallado en cólera con sus compañeros de trabajo, y su empleo había empezado a peligrar. Entonces, su novia le comunicó que no estaba segura de que ella pudiera continuar la relación con él si las cosas no cambiaban. Al recordar el consejo de su amigo, José decidió asistir a un programa de reducción del estrés basado en la atención plena.

Cuando empezó a practicar el escaneo corporal, ni siquiera podía sentir su cuerpo, porque estaba absolutamente desconectado de él. Pero con una práctica constante, empezó a reconectar con su cuerpo. Descubrió muchos bloqueos musculares en este proceso y, con el tiempo, esas tensiones desembocaron en cólera. En su vida cotidiana empezó a descubrir que el dolor de cuello y de hombros que encontraba en el escaneo corporal solía manifestarse cuando se sentía frustrado e impaciente y que, antes de estallar en cólera, habitualmente su mandíbula se tensaba y quedaba bloqueada.

Cuando José sintió más profundamente su enfado con la autoindagación de la atención plena, quedó sumergido en un océano de tristeza por la vida que llevaba. Se dio cuenta de que apenas tenía amigos y de que la mayoría de la gente no lo apreciaba. Se percató de que desconfiaba de los demás y de que esta desconfianza provenía de su infancia. Había sido más bien bajo para su edad y los niños de su barrio normalmente se metían con él y lo ridiculizaban, lo cual le dejaba con un sentimiento de humillación y sensación de minusvalía. Teniendo en cuenta estas experiencias, no es de extrañar que no se sintiese seguro la mayor parte del tiempo. Siendo niño, y a partir de entonces, José creyó que la mejor apuesta que podía hacer era simplemente ser lo más fuerte posible y defenderse cada vez que se sintiera amenazado. Pero ahora tenía una nueva experiencia: sentía pena por su "yo" más joven y también sentía pena por la persona en que se había convertido a partir de aquellas experiencias tempranas.

José tomó consciencia de que necesitaba cambiar, de que necesitaba tener más paciencia con las inevitables circunstancias de la vida; de que tenía que cultivar más aceptación y confianza en los demás y en sí mismo, pero no sabía por dónde empezar. Cuando aprendió a practicar la meditación de la benevolencia encontró la respuesta. Su experiencia con esta práctica le proporcionó además una enorme paz que no había experimentado desde hacía mucho tiempo; a medida que continuó la práctica descubrió profundidades de amor y conexión que ni siquiera había imaginado posibles.

Práctica de la atención plena: meditación de la benevolencia

Sentir su corazón a través de la meditación de la benevolencia le abrirá a lo que es más importante en la vida y, tal vez, a lo que necesita trabajar. Esta meditación puede elevar su corazón a sentimientos casi inimaginables de amor y puede también revelarle dónde se bloquea o se frena.

Dese unos 30 minutos para esta práctica y, una vez que empiece, ponga en ella toda su atención sin distracciones. Lea todo el ejercicio antes de empezar. Como esta práctica es prolongada y muy concreta, quizá necesite volver al texto de vez en cuando. Otra alternativa podría ser grabar las instrucciones y escucharlas mientras practica. También puede comprar una grabación de esta práctica en www.yourheartwideopen.com. Muy pronto le resultará familiar y no necesitará escuchar las instrucciones; siéntase también libre de personalizar esta meditación. Puede utilizar las frases proporcionadas más abajo, pero también puede elaborar sus propias frases. Hemos adaptado las instrucciones para este ejercicio de la obra *Mindfulness para reducir el estrés*, de Bob Stahl y Elisha Goldstein (Editorial Kairós, 2010).

Empiece su práctica felicitándose por dedicar este tiempo a la meditación de la benevolencia. A medida que se va haciendo presente, compruebe su interior y dese cuenta de cómo se siente física, mental y emocionalmente. tan solo permita y reconozca lo que esté sintiendo y déjelo ser sin juicio alguno. Desplace gradualmente su atención al pecho, respirando de forma normal y natural. Céntrese en la nariz, el pecho o el abdomen y esté plenamente atento a cada respiración, una a una. Cuando inspire sea consciente de que está inspirando, y cuando espire sea consciente de que está espirando. Inspirar y espirar...

Ahora lleve su atención a su pecho y al área del corazón y sienta su preciosa y frágil vida con compasión y amor. Si surgen sentimientos de falta de autoestima y culpabilización, sepa que también han de ser reconocidos a la plena luz ecuánime de la benevolencia.

A veces, puede parecer que los sentimientos de benevolencia están muy lejanos y que no puede alcanzarlos. Considere esta práctica como un viaje; continúe avanzando paso a paso y sepa que está trazando el sendero y se está acercando a la benevolencia con cada paso que da. Intente sentir las cualidades mismas de la benevolencia, un amor sin límites y desinteresado que brilla como el sol, la luan o las estrellas, iluminando a todos los seres sin excepción ni discriminación.

Lleve este amor a su corazón, a su piel, a sus huesos, al interior de sus moléculas y de su mismo ser. Que pueda abrirse a la profunda bondad y compasión por sí mismo tal como es.

Aunque pueda suponer una batalla sentir amor por sí mismo, continúe simplemente reconociendo sus retos e intente abrirse al amor. Que pueda tener una inmensa autocompasión por cualquier sentimiento de falta de valía y sabiduría para comprender que esos sentimientos no definen quién es usted.

Dese un tiempo en ese mismo momento para abrirse a cada una de las siguientes frases, permitiendo que queden absorbidas en su ser. Si prefiere elaborar sus propias frases, hágalo sin dudar.

Que pueda abrirme a la gran compasión por mí mismo.
Que pueda abrirme a la reconciliación profunda con mi pasado, con la sabia comprensión de que todo él me ha conducido a este momento.
Que pueda mantenerme amablemente con compasión, bondad y ligereza.

Que pueda aceptar mis imperfecciones y ver que soy
imperfectamente perfecto tal como soy.
Que pueda ser tan sano como soy.
Que pueda aliviar mi cuerpo y mi mente.
Que pueda estar en paz.

Ahora que ya ha empezado a abrirse a la benevolencia, habrá un punto en que naturalmente
quiera expandir este sentimiento expansivo hacia
los demás. Empiece expandiendo el sentimiento a
aquellas personas que son fáciles de amar, como
sus mentores sabios y cuidadosos, aquellos que le
han inspirado y guiado con amor y sabiduría. Sienta
agradecimiento en su corazón hacia esas personas
que le han apoyado y repita las siguientes frases un
par de minutos:

Que puedan mis mentores estar a salvo de daños
internos y externos.
Que puedan mis mentores ser felices.
Que puedan mis mentores estar sanos.
Que puedan mis mentores estar satisfechos y
en armonía.
Que puedan mis mentores vivir en paz.

A continuación expanda gradualmente el campo de benevolencia a los seres queridos, como sus familiares, sus amigos y su comunidad:

Que puedan mis seres queridos estar a salvo de daños internos y externos.

Que puedan mis seres queridos ser felices.

Que puedan mis seres queridos estar sanos.

Que puedan mis seres queridos estar satisfechos y en armonía.

Que puedan mis seres queridos vivir en paz.

Ahora expanda aún más el campo de la benevolencia a aquellas personas que le son neutras, incluidos los conocidos o extraños:

Que puedan las personas que me son indiferentes estar a salvo de daños internos o externos.

Que puedan estas personas ser felices.

Que puedan estas personas estar sanos.

Que puedan estas personas estar satisfechas y en armonía.

Que puedan estas personas vivir en paz.

A continuación, tómese algún tiempo para recordar a aquellas personas que conoce y que están viviendo en estos momentos con dolor físico o que están sufriendo. Llévelas a su corazón y expanda sus deseos de curación y benevolencia hacia ellas:

Que puedan aquellos que sufren estar a salvo de daños internos y externos.

Que puedan aquellos que sufren ser felices.

Que puedan aquellos que sufren vivir con salud.

Que puedan aquellos que sufren estar satisfechos y en armonía.

Que puedan aquellos que sufren vivir en paz.

A continuación considere expandir la benevolencia incluso a las personas que le resultan difíciles o enemigas. Intente neutralizar cualquier sentimiento de resentimiento, por ser tan tóxico para su propio bienestar, y comprenda que las acciones ofensivas de los demás provienen frecuentemente de su miedo, vulnerabilidad y falta de consciencia. Amable y lentamente envíe benevolencia a las personas que le resultan difíciles o enemigas:

Que puedan las personas que me resultan difíciles encontrar la puerta en su propio corazón, obtener más consciencia y transformar su miedo en amor.

Que puedan vivir seguras de daños internos y externos.

Que puedan ser felices.

Que puedan vivir con salud.

Que puedan estar satisfechas y en armonía.

Que puedan vivir en paz.

Expanda aún más el círculo de curación a todos los seres, construyendo esta benevolencia hasta que sea tan ilimitada como el firmamento. Empiece a irradiar benevolencia hacia todos los seres vivos, a enviarla a todos los seres de la tierra, el agua y el aire, y a esparcirla en todas las direcciones a través de todo el universo.

Que puedan todos los seres vivir a salvo de daños internos y externos.

Que puedan todos los seres ser felices.

Que puedan todos los seres vivir con salud.

Que puedan todos los seres estar satisfechos y en armonía.

Que puedan todos los seres vivir en paz.

Vuelva suavemente a la respiración y sienta todo su cuerpo inspirando y espirando. Sienta cómo se eleva todo su cuerpo o se expande con cada inspiración y cómo se contrae con cada espiración. Sienta su cuerpo como un solo organismo completo, conectado y total. Sienta la paz y la benevolencia dentro de usted y a su alrededor.

Que puedan todos los seres estar en paz.

Tómese un tiempo para escribir en su diario sobre esta práctica, considerando las siguientes preguntas:

- ¿Qué es lo que experimentó en la meditación de la benevolencia?
- ¿Tuvo algún obstáculo y, en caso afirmativo, cómo lo trabajó?
- ¿Cómo puede traer más benevolencia a su vida?

La meditación de la benevolencia puede parecerle al principio extraña, pero continúe practicándola regularmente. Es una práctica que debe repetirse para que se pueda aprender. Con independencia de las dudas que tenga o de lo rara que le pueda parecer en los primeros pasos, la práctica continua creará un camino en su mente y en su corazón que gradualmente se hará más profundo y se convertirá en su forma de vida, lo mismo que los viejos senderos que adormecieron su mente y su corazón se habían convertido en su forma de vida, excepto que este sendero no le conduce a ninguna parte, salvo al aquí y al ahora. Este sendero está viviendo en cada respiración y en cada latido de su corazón, sosteniendo su vida e infundiéndola de bondad y compasión por sí mismo. Vivir en el momento de esta forma, imbuido de benevolencia, le permite abandonar el pasado para poder vivir en el momento y abrir su corazón a la reconciliación y el perdón.

¿Y si no se siente amoroso?

A veces, cuando practica la meditación de la benevolencia puede no sentirse demasiado amoroso. De hecho, en ocasiones puede experimentar lo opuesto, incluso intensos sentimientos de cólera, amargura, tristeza, resentimiento o falta de autoestima. Queremos asegurarle que todo esto es normal. En lugar de ver estos sentimientos como problemáticos o indicadores de que usted es de algún modo incompetente por no ser capaz de hacer esto "correctamente", considérelos como maestros que le muestran en qué está estancado o frenándose y lo que tiene que hacer para poner atención sobre ellos.

Trabajar con estos desafíos puede ser fatigoso. Manténgase con compasión, teniendo en mente que ser consciente de que está reteniéndose le permite avanzar. Si no sabe lo que le hace frenarse, estará más lejos de resolverlo. Cuando identifica las causas de su dolor, la reconciliación puede no estar demasiado lejos.

¿Es posible la reconciliación?

Cuando practica la meditación de la benevolencia, puede parecer formidable o casi imposible enviar bondad amorosa a sus enemigos. Podría preguntarse para empezar por qué querría ni siquiera enviarla. Al mismo tiempo, podría también percatarse de que vivir con un corazón endurecido y resentido es una pesada carga de llevar y que puede ser tóxico y contraproducente para su propio bienestar. El psicólogo Fred Luskin y colegas de la Universidad Stanford han estudiado los efectos fisiológicos y emocionales del perdón. Según el doctor Luskin, «el perdón puede reducir el estrés, la presión sanguínea, la cólera, la depresión y el dolor, al tiempo que puede aumentar el optimismo, la esperanza, la compasión y la vitalidad física» (2010).

En última instancia, el perdón tiene que ver con hacer las paces, hacer las paces con lo que sucedió y con las personas implicadas. Está muy generalizada la creencia de que el perdón es algo que otorga a los demás por sus equivocaciones o por acciones que dirigieron contra usted, pero este es solo uno de sus aspectos. Cuando trabaje interiormente para cambiar su actitud y ablandar su corazón, necesitará cultivar tres aspectos de la reconciliación: hacer las paces consigo mismo, hacer las paces con aquellos a los que usted ha herido, y hacer las paces con aquellos que le han herido. El perdón tiene que ver en realidad con liberarse a sí mismo.

Hacer las paces consigo mismo

Examinar con bondad y atención plena su vida es liberador por muchas razones; no es la menos importante el hecho de que le ayuda a ver con más profundidad sus errores y a aprender de ellos. Sus mayores errores constituyen el territorio en el que puede aprender las mayores lecciones de la vida; en lugar de intentar olvidarlos o enterrarlos, necesita entender cómo y por qué se equivocó. Cuando no lo entiende, puede tener que repetir sus errores muchas veces antes de aprender las lecciones que debe aprender. Por ejemplo, quizá se divorció y después encontró a una nueva y maravillosa persona, para descubrir poco después que era como estar casado con la misma persona con un cuerpo diferente. O tal vez se enamora repetidamente de personas, las cuales más adelante pasan de usted, lo mismo que hizo su padre. Existen ocasiones en las que parece como si estuviera estancado en una puerta giratoria y condenado a cometer los mismos errores una y otra vez. Pero como ya sabe, la atención plena puede ayudarle a ver las historias y los hábitos que le mantienen bloqueado en errores vitales repetitivos. Puede ser doloroso reconocer lo duro que ha sido consigo mismo, que usted es su juez y su crítico más feroz y que nunca ha hablado a nadie del mismo modo en que se habla a usted mismo.

(Si lo hiciera, probablemente no tendría ningún amigo.) Estas comprensiones profundas pueden conllevar la tentación de criticarse o condenarse por haber sido de esta forma. Cuando reconozca los acontecimientos y las acciones que han alimentado sus sentimientos de vergüenza, culpabilidad, deficiencia o falta de autoestima, aguante con gran cuidado y compasión. Esta es la clave para escapar de la trampa de la autoculpabilización y liberarse verdaderamente de este círculo vicioso.

Pero como ya hemos expuesto, la falta de autocompasión es dominante y no es una tarea menor encontrar la salida del "yo" que se cree indigno. Hacer las paces consigo mismo puede ser arduo. Exige paciencia, bondad y comprensión interna. Es también una noble tarea fundamental para el proceso de sanación. No puede hacer las paces con los demás hasta que no haya firmado las paces consigo mismo.

A medida que mira hacia atrás con atención plena, hacia donde ha estado y todo lo que ha contribuido a las historias que se ha contado a sí mismo, su comportamiento y reacciones automáticas pueden empezar a cobrar sentido para usted. Quizá se dé cuenta: «Por supuesto, me odiaba a mí mismo cuando tenía 12 años. Pensaba que mis padres se divorciaron por mi culpa. Creía que debería haber sido un niño mejor». Cuando mire hacia atrás con una sabiduría a posteriori, verá con más claridad dónde se encontraba, por qué pensaba y sentía de ese modo, y cómo todo esto conformó las historias autolimitadoras que vivió durante tanto tiempo. Cuando aumente su autocompasión y comprensión de su sufrimiento, se sentirá más liviano, feliz y libre.

Así pues, cuando practique la meditación de la benevolencia, deje que empiece la sanación y la reconciliación en su interior. Que pueda abrirse su corazón con bondad y comprensión de los sentimientos heridos que causaron su sufrimiento. Que pueda mantener su corazón con ternura y compasión, perdonándose por todas las veces que ha sido crítico consigo mismo. Que pueda abrirse a la paz y a la reconciliación consigo mismo.

Hacer las paces con aquellas personas a las que ha herido

Y ahora que ya ha empezado a entender y a calmar a su crítico interior, puede utilizar su sabiduría a posteriori para entender lo que le condujo a herir a los demás. Comprenderá dónde estaba mental y emocionalmente y por qué atacaba a los demás como los atacaba. Todos hemos causado dolor a los demás, ya sea voluntaria o involuntariamente, y esto puede dejar un gusto amargo en la boca.

Hacer las paces con aquellas personas a las que ha herido no significa autojustificarse; significa aceptar la responsabilidad de las decisiones que han herido a los demás. Este tipo de reconciliación implica vivir con las cosas tal como son y reconocer el impacto de sus acciones. Solo puede aprender lo que necesita aprender y dejar partir lo que tiene que partir. Este tipo de reconciliación es una forma de dejar de añadir peso acumulado a los acontecimientos y recuerdos negativos que pueden aumentar los sentimientos de falta de valía. A medida que deja estas cargas y empieza a vivir en el aquí y ahora, puede suspender la culpabilización y el juicio sobre sí y, en su lugar, centrarse en la comprensión de lo que sucedió o cómo cometió errores y así dejar de cometerlos.

La historia de Susana

Cuando Susana acudió a un retiro de meditación intensivo se sentía acosada por recuerdos de remordimientos. Especialmente recordaba y rumiaba haber herido hacía muchos años a su mejor amiga, Erika, al decirle que la relación de pareja que mantenía no iba a ningún lado y preguntarle que por qué estaba malgastando su tiempo. Susana compartió estos sentimientos de remordimiento con su maestro de atención plena, que amablemente le sugirió que debería sentir su vergüenza y reconocer cualquier cosa que le surgiese física, mental o emocionalmente. Cuando Susana se sentó a meditar con sus sentimientos y permitió que emergieran a la superficie, los afrontó desde la autoindagación y empezó a ampliar su comprensión interior. Entonces se dio cuenta de que sus injustos comentarios se habían alimentado de su propia inseguridad. Había tenido una serie de relaciones fracasadas y se mostraba preocupada por no poder llegar a ser capaz de mantener alguna vez relaciones duraderas. Esto le había hecho preguntarse si no

era suficientemente buena o digna de amor. También vio
que había estado celosa. Eran comprensiones dolorosas y
perturbadoras, pero gracias a ellas Susana empezó a sentir
una compasión por sí misma más profunda y, con ella, un
grado mayor de autoaceptación y paz.

Hacer las paces con aquellas personas que le han herido
Igual que al hacer las paces consigo mismo por herir a los
demás, es importante entender que expandir el perdón a los
demás por haberlos herido no significa que lo que sucedió sea
correcto. Pero existe una importante diferencia: puede aceptar
la responsabilidad de haber herido a otros, pero no puede hacer
que los demás acepten la responsabilidad por haberle herido
a usted. Quizá sea esta la única razón por la que este tipo de
reconciliación pueda suponer un reto de gran envergadura.
Aunque existen maravillosos ejemplos de personas que la lo-
gran, como el papa Juan Pablo II cuando perdonó a la persona
que intentó asesinarlo, usted puede pensar: «Yo no soy el Papa.
Soy simplemente una persona normal». Tal vez se pregunte
cómo puede lograr este tipo de reconciliación.

El Buda comparó esto a ser herido por una flecha. Si esto
sucede, su primer instinto no es intentar encontrar quién le
disparó o cuál podría haber sido su motivación. No se quede
atrapado en los detalles de lo que sucedió o por qué. Nada de

eso es importante hasta que usted se saque la flecha del cuerpo. Del mismo modo, cuando vive con resentimientos, reproches o mala voluntad, es usted quien está sufriendo. Cuando pone la atención plena en su cuerpo y en su mente y realmente pone atención a qué siente cuando está en ese estado de resentimiento, puede llegar a saber que albergar enemistad tiene un efecto tóxico en su salud y bienestar. Compare este efecto a cómo se siente su cuerpo cuando está feliz y deseando el bien a los demás. Esta comprensión es un gran punto de partida para empezar el trabajo de reconciliación con los demás por haberle herido, porque el centro de atención es su propio bienestar. Aunque no puede cambiar lo que otros hicieron, o cómo son, sí puede cambiar su propia relación con el resentimiento y sanar el daño causado.

A medida que trabaje en la desactivación de sus resentimientos, puede descubrir que ha herido a otras personas de forma similar a como otros le han herido a usted, y por similares razones como el miedo, la codicia o la falta de consciencia. Esta puede ser una comprensión interna dolorosa, pero también profundiza en la comprensión y la compasión por aquellas personas que le han herido, ampliando su capacidad de reconciliación y permitiéndole transformar y aflojar el peso del miedo y del resentimiento. Es también útil investigar y reflexionar sobre los poderes de reconciliación y la siguiente práctica le ayudará a hacerlo.

Práctica de la atención plena: meditación de la reconciliación

Tal vez encuentre muchas dificultades en abrirse a la compasión cuando empiece a trabajar con la reconciliación en esta práctica, bien hacia sí mismo o hacia los demás. Si sucede esto, reconozca afable y cordialmente donde está, es una práctica en la que está entrenándose. Al igual que con la meditación de la benevolencia, estas dificultades muestran dónde está estancado emocionalmente o frenándose. Considere esto una buena noticia, puesto que ver sus desafíos le da la oportunidad de enfrentarse a ellos. Cuando pone la luz de la consciencia en estos lugares de estancamiento, puede gradualmente hacer las paces consigo mismo y los demás.

Dese al menos 25 minutos para esta práctica. Escoja un lugar en el que se sienta seguro y cómodo.

Empiece dándose algo de tiempo para reconocer sus aspiraciones al practicar la meditación de la reconciliación. Sepa que es una tarea valiente y noble y felicítese por emprender este difícil trabajo. A continuación, empiece a practicar la respiración de la atención plena durante unos 5 minutos. Sienta la sensación de la respiración mientras recorre las fosas nasales, o sienta el pecho o el vientre expandiéndose con cada inspiración o contrayéndose con cada espiración. Inspire y espire con consciencia...

A continuación ponga la atención en el pecho y sienta su corazón mientras inspira y espira. Reflexione sobre la fragilidad y el precioso valor de la vida; para todos, la respiración es vida y cuando se detiene acaba nuestra vida tal y como la conocemos. Considere lo efímera y breve que es cada respiración, cada momento, y cómo nada puede detener el tiempo que pasa.

Cuando empiece a dirigir su atención hacia la reconciliación, puede serle útil reflexionar sobre cómo es detener el resentimiento. Esta carga es como una espina en el costado o una piedra en el zapato; en definitiva, le interesa dejarla partir. La vida es tan breve y tan sagrada, ¿por qué gastarla llevando estos fardos? Que pueda abrirse a la reconciliación.

Céntrese en su propio corazón y ábrase a la compasión por todas aquellas veces que ha estado enjuiciándose, ha sido crítico o se ha colmado de autocondenas. Utilice su sabiduría a posteriori para entender por qué se ha estado hiriendo de esta forma. Examinando su pasado desde esta luz, que pueda abrirse a la compasión profunda y al amor por sí mismo tal como es. Pase al menos 5 minutos con esta reflexión. A continuación reflexione sobre las veces en que ha herido a los demás. Reconozca y admita los miedos y la falta de atención que le consumieron cuando estaba inflingiendo dolor a otros, ya fuera voluntaria o involuntariamente. Que pueda crecer en la profunda comprensión de lo que alimentaba sus acciones y que pueda producirse la reconciliación cuando su corazón se abra a la comprensión y al amor. Pase al menos 5 minutos con esta reflexión.

Por último, piense cómo le han herido los demás. A pesar de que pueda ser difícil perdonarlos al principio, es importante trabajar en la neutralización de cualquier resentimiento, puesto que directamente afecta a su bienestar. Que pueda sentir la liviandad de despojarse del peso de un corazón endurecido. Pase al menos 5 minutos con esta reflexión.

Piense que cada uno está intentando encontrar su propio camino, que todo el mundo tiene dificultades e incertidumbres, que nadie puede escapar a herir a los demás o a ser herido. Que puedan todas estas heridas transformarse en lugares de curación. Que podamos todos encontrar la puerta en nuestros corazones y abrirnos a la profunda compasión por nosotros mismos y los demás.

Concluya volviendo a la respiración y practicando la atención plena sobre ella durante 5 minutos. Cuando llegue al final de esta meditación, felicítese por haberse dado el tiempo para esta práctica. Que puedan todos los seres estar en paz.

Tómese algo de tiempo para escribir en su diario sobre esta práctica. ¿Cuál fue su experiencia de la meditación de la reconciliación? ¿Encontró algunos desafíos y, en caso afirmativo, cómo trabajó con ellos? Considere escribir un plan para empezar la reconciliación con al menos una persona en su vida.

La reconciliación es una práctica constante, así que intente trabajar con ella frecuentemente. En realidad, es el trabajo de toda una vida. Liberarse de los reproches es un proceso gradual, pero con el tiempo será más libre de lo que nunca hubiese podido imaginar.

La alegría empática

La alegría empática es una cualidad maravillosa que implica complacerse con el deleite de los demás. En yiddish, la encantadora palabra *kvell* capta muy bien esta cualidad. Significa sentir felicidad por la felicidad de los demás y regocijarse por sus éxitos. La alegría empática es lo contrario de la envidia. Todos hemos tenido momentos en los que nos hemos sentido así respecto a alguien que apreciamos.

Puede también cultivar la alegría empática de la forma en que se describe más adelante. Se lo recomendamos encarecidamente. Cuando usted se centra en la felicidad de otros, no se está centrando en sí mismo, y esto puede ayudar a disipar los sentimientos de falta de autoestima. Además, la alegría empática le ayuda a cultivar la conexión y la resonancia con los demás y fortalece los sentimientos de placer y de interconexión. Es un poderoso antídoto contra el sentimiento de aislamiento y desconexión que con tanta frecuencia surge como resultado de estar bloqueado en definiciones autolimitadoras.

Práctica de la atención plena: meditación de la alegría empática

Meditar en la alegría empática es una forma muy poderosa de conectar con la verdad atemporal, de que el amor puede ser compartido. Dese unos 20 minutos para esta práctica.

Empiece llevando su consciencia a la respiración, siendo plenamente consciente de cada inspiración y de cada espiración. Localice el punto en el que siente la respiración de forma más acusada y distinta. Podría ser en su nariz, el pecho, el vientre o en cualquier otro lugar. Simplemente conecte con su respiración y utilícela como una forma de estar presente. Inspire y espire... Continúe practicando la respiración plenamente consciente durante 5 minutos.

A continuación retire con suavidad su atención de la respiración y dirija su mente y su corazón hacia alguien al que tenga cariño y que está siendo feliz porque le ha sucedido algo maravilloso. Podría ser su pareja al haber sido reconocida por un gran logro en el trabajo, la euforia de su hijo porque le han regalado un gatito o de un amigo que acaba de regresar de unas vacaciones fantásticas. En cualquier caso, dirija su mente hacia esa persona y permita que su corazón se llene o quizá se desborde de alegría por la persona a la que quiere. Permanezca con esta reflexión durante unos minutos. Ahora haga una pausa de 1 minuto o 2 y advierta la alegría que siente en su interior cuando siente alegría por otra persona. Puede experimentar lo maravilloso que es sentir ese tipo de alegría que libera de la envidia y de la enemistad.

Dándose cuenta a través de la alegría empática de que el amor supone ser compartido, deje que su corazón se expanda y crezca, esparciendo esta alegría a los demás. Pase unos minutos expandiendo la alegría empática hacia las personas que quiere, sus conocidos e incluso a personas desconocidas que son felices por sus éxitos, simplemente siendo feliz porque están en este mundo. Cuando llegue al final de esta meditación dese, unos momentos para mover los dedos de las manos y de los pies, y a continuación abra los ojos y siéntase totalmente presente aquí y ahora.

Tómese algo de tiempo para escribir en su diario sobre lo que experimentó con esta práctica. ¿Qué clase de sensaciones físicas surgieron cuando cultivó la alegría empática? ¿Qué surgió en sus pensamientos y en sus emociones? ¿Experimentó algún desafío al hacer esta práctica?

Practicar la alegría empática desplazará gradualmente sus definiciones limitadas de sí mismo hacia un sentimiento más expansivo de interconexión y felicidad. Le recomendamos encarecidamente que convierta esta práctica en parte de su vida cotidiana.

Saborear este viaje

En este capítulo hemos presentado tres prácticas de atención plena: la meditación de la benevolencia, la meditación de la reconciliación, y la meditación de la alegría empática. En estas prácticas, usted amplía hacia los demás el cuidado sanador y el interés que desarrolló con la meditación de la compasión en el capítulo 5. Un aspecto de la meditación de la reconciliación consiste en hacer las paces consigo mismo, que es un paso más en su viaje hacia la curación, la autoaceptación y la plenitud. Esto crea una fuerte base a partir de la cual puede expandir su benevolencia y el espíritu de reconciliación hacia los demás, sanando sus relaciones y ofreciendo a los demás la oportunidad de experimentar los regalos de la curación y de la totalidad. Con el tiempo y una práctica continuada, la meditación de la benevolencia y la meditación de la reconciliación le abrirán la puerta a experiencias espontáneas de alegría empática.

Recomendamos practicar con frecuencia la meditación de la alegría empática hasta que se enraíce como una forma de expandir sus límites hacia los demás. Practique la reconciliación en cualquier momento que sienta que su corazón se endurece contra sí mismo o contra los demás. Considere hacer de la meditación de la benevolencia una práctica para toda la vida, ya que nutre la autocompasión, disuelve los sentimientos de separación y le ayuda a cultivar un espíritu de reconciliación y de alegría empática.

7. Volverse real

Hubo un tiempo en el que prados, bosquecillos y arroyos,
la tierra y cada paisaje corriente
me parecían
ataviados de luz celestial,
la gloria y la frescura de un sueño

WILLIAM WORDSWORTH

La alegría de volverse real consiste en descubrir nuestra viveza
y frescura y la frescura y singularidad de cada nuevo momento.
Volvemos "a casa", a una totalidad y a un sentido de pertenencia al mundo que siempre ha estado con nosotros, aunque no
fuéramos conscientes de ello. En este capítulo exploraremos
formas en que podemos ayudarnos a nosotros mismos y a los
demás a despertar a la exquisita viveza de cada momento.

Este tipo de despertar es fundamental para el budismo. Es
cierto, la palabra "buda" significa "aquel que está despierto",
sobre todo en el sentido de comprender las causas del sufrimiento y cómo terminar con él. Buda se dio cuenta de que la

causa fundamental del sufrimiento consiste en identificarse con un "yo" separado de cada uno y de cada cosa. Einstein también reconoció esta verdad fundamental en una carta citada en el *New York Post* (1972): «Nos vivimos a nosotros mismos, nuestros pensamientos y nuestros sentimientos como algo separado del resto, una especie de ilusión óptica de consciencia. Esta ilusión es una especie de prisión, que limita nuestros deseos personales y el afecto por los seres más cercanos».

La ilusión de un "yo" separado es la fuente de la lujuria, la cólera y las muchas variantes de estas fuerzas que crean tanta angustia en nuestra vida. En su carta al *New York Post*, Einstein continuaba diciendo: «Nuestra tarea debe consistir en liberarnos de esta prisión expandiendo nuestro círculo de comprensión para abarcar a todas las criaturas vivas y la totalidad de la naturaleza en toda su belleza» (1972). Esto lo refleja igualmente la psicología budista, que afirma que cuando ampliamos nuestro círculo de benevolencia y atención plena, podemos liberarnos de las ilusiones de la mente condicionada y darnos cuenta de la totalidad e integridad en nuestro interior y en todas las cosas. Este es el camino para despertar a un sentido mucho más amplio de quién es usted.

Convertirse en quien es

Un maestro de meditación de Sri Lanka proporcionó una simple explicación de la esencia del budismo al que fuera monje budista Jack Kornfield. Riendo, el maestro dijo: «No "yo", no problema» (Kornfield 1993, 203). Puede usted preguntarse: «Si no tengo "yo", ¿entonces quién soy?». Esta es una buena pregunta, una pregunta que ha sido planteada durante milenios en muchas religiones y caminos espirituales. Es una cuestión fundamental de la filosofía y también de la psicología, e incluso una pregunta demasiado compleja para poder ser respondida con conceptos. En cuanto atribuya conceptos al "yo", corre el riesgo de apartarse de cualquier cosa y de todos. El "yo" no puede conocerse en un concepto; es una experiencia de aquí y ahora que existe solo en la inmediatez de cada momento. No es una cosa; es una experiencia. Usted tiene un sentido de esta inmediatez cuando se pregunta: «¿Quién está preguntándose estas preguntas sobre el "yo"? ¿Quién está pronunciando palabras con mi boca o escuchando sonidos con mis oídos?». Hay alguien que motiva sus acciones y que siente a través de sus sentidos. Pero tenga en cuanta que todo esto son experiencias inmediatas que existen solo en la vivencia. Todos vivimos únicamente en este momento. No vivimos, ni vemos ni actuamos en ningún otro momento.

En capítulos anteriores expusimos cómo todos llegamos a identificarnos con un "yo" basado en una narrativa. Hemos aprendido habilidades de atención plena que pueden ayudarle a reconocer y a desidentificarse del "yo" que ha creado. A su vez, la consciencia meditativa de la atención plena aumenta incluso cuando atiende al "yo" condicionado con curiosidad y desapego. Cuando es testigo de sus pensamientos y emociones que van y vienen, usted se convierte más en algo que observa que en las historias que están siendo observadas. De esta forma, la atención plena puede convertirse en algo más de lo que usted hace; puede convertirse en una forma de vida y en una forma de estar con los demás y en el mundo. Puede convertirse en quien es usted. Así es como Mahatma Gandhi pudo decir: «Mi vida es mi mensaje» (Ghose 1991, 386). Se dice que también Gandhi afirmó: «Debemos ser el cambio que queremos ver» (Einhorn, 1991, 71). De igual modo, podríamos decir que ser real es vivir la verdad, el amor, la sabiduría y la compasión que queremos ver en el mundo.

Momentos de despertar

La mayoría de las personas han tenido momentos de despertar en lugares y momentos inverosímiles, como aeropuertos y esquinas de calles, así como en lugares más lógicos, como en prolongados retiros de meditación o estando sentados al borde de un lago de alta montaña. En esos momentos, repentinamente tenemos acceso a una sabiduría natural que nos parece que siempre ha estado con nosotros. Sin embargo, lo normal es también descubrir con qué rapidez podemos volver a un piloto que opera de forma automática, perdiendo contacto con la sabiduría y la perspectiva que habíamos descubierto. Quizá acabe un retiro de meditación con el sentimiento de haber vivido con una nueva claridad y comprensión, para descubrir solo poco después de volver a su vida cotidiana y al mundo social que está ya perdido en una egolatría o en otra. Todos descubrimos muy pronto que el "yo" condicionado no se desvanece en cuanto despertamos. Está siempre presente en un mayor o menor grado y debe convertirse simplemente en parte de nuestra riqueza cuando navegamos por el mundo. La clave consiste en familiarizarse con las distorsiones del "yo" condicionado y en reconocer cuando cae usted bajo su espejismo.

Barry, un practicante veterano de la atención plena, contó una historia que ilustra con qué facilidad podemos caer de nuevo en nuestros espejismos del pasado y en conductas cristalizadas. Había vuelto de un retiro de meditación de fin de semana hacía unos días. Como estaba de mal humor decidió dar un paseo. Al verle dejar el jardín, su esposa lo llamó desde la ventana de la cocina: «¿Adónde vas cariño?». La respuesta salió de su boca como un sapo: «¡Voy al río a aplastar ratas!», le disparó a bocajarro. Ella acudió corriendo desde la puerta de la casa: «¿Estás bien?», le preguntó sabiendo perfectamente que no había ningún río en las cercanías ni ratas, y que incluso si los hubiera, él nunca haría una cosa así. Barry se dio cuenta de lo sucedido y se disculpó: «Lo siento, cariño, me siento realmente frustrado ahora mismo e iba a dar un paseo. Siento haberte respondido así. De nuevo, una conversación con mi madre me ha dejado confuso».

Aun cuando aumente su práctica de la atención plena, puede que se identifique de vez en cuando con el "yo" pequeño y contraído y hable o actúe desde ese lugar inconsciente. La atención plena (y a veces las personas que quiere y los amigos) puede ayudarle a darse cuenta de cuándo ha caído de nuevo en los espejismos del "yo" condicionado. Reconozca simplemente con autocompasión y sin culpa que esto ha sucedido, y después vuelva al aquí y ahora y viva desde su totalidad y su claridad. Es exactamente como en la práctica formal de la atención plena: en el momento en que se da cuenta de que se ha perdido, ya no está perdido. En el momento en que reconoce que no estaba aquí, ya está aquí de nuevo.

Quizá esta es la única razón por la que la mente del principiante es un elemento tan importante de la atención plena. El camino del despertar implica comenzar de nuevo innumerables veces, en ocasiones cientos de veces en una sola sesión de meditación. Sin embargo, la repetición es una práctica espiritual que se honra desde siempre, y cada vez nos despertamos un poco más. Es por esto por lo que volverse real suele llevar mucho tiempo. Comenzar de nuevo es la forma en que progresamos y paulatinamente llegamos a vivir y hablar la verdad de nuestras vidas. Cada vez que volvemos a la atención plena y a la compasión, estas facultades se fortalecen y, con el tiempo, se convierten en la vía para progresar y expresarnos. Con el tiempo, la atención plena y la compasión pueden convertirse en una forma de vida.

Patrones de personalidad

Volverse real puede liberarle de los hábitos de la personalidad con los que se ha identificado. Cuando habla desde un corazón completamente abierto, no está restringido a las formas inconscientes de expresarse. Como expusimos en el primer capítulo, las necesidades no satisfechas pudieron impulsarnos a crear patrones de personalidad no adaptativos cuando éramos muy jóvenes. Con el tiempo, estos patrones se vuelven automáticos y los manifestamos sin ser conscientes de que lo estamos haciendo. Lo que empezó como un esfuerzo para satisfacer nuestras necesidades puede convertirse en algo disfuncional y colorear muchas de nuestras relaciones interpersonales con los tonos de un corazón herido. Una forma interesante de considerar y comprender estos patrones de personalidad es a través de los esquemas expuestos detalladamente en la obra de la psicoterapeuta Tara Bennett-Goleman, *Emotional Alchemy* (2001). Ella identifica 10 esquemas principales, cada uno de ellos con muchas variantes, e ilustra las coloraciones emocionales de cada esquema. La mayoría de las personas tenemos uno o dos de estos esquemas principales en nuestra vida (Bennett-Goleman, 2001):

- **Subyugación** es poner los deseos y la felicidad de los demás por delante de los nuestros para ser aceptados. En este patrón puede de forma repetitiva despreciarse a sí mismo y sentir como si no tuviera suficiente valor para guiar a los demás, así que debe seguirlos y acomodarse a lo que ellos quieren.
- **Perfeccionismo** es un esfuerzo para obtener la atención y la aprobación que anhela haciendo todo perfectamente; este patrón le asegura que siempre estará ocupado

en evaluar negativamente su actuación o apariencia. El crítico interno está siempre trabajando y empujándole.

- **El miedo al abandono** se manifiesta como una inseguridad omnipresente en las relaciones. Si este es el esquema que aplica, importa poco lo que su pareja, amante o amigos próximos le digan; su cariño y garantías le parecen superficiales y vive con el miedo de ser de nuevo abandonado.

- **La fragilidad** se manifiesta con un sentimiento de miedo en relaciones relativamente seguras y en exagerar los acontecimientos relativamente sin importancia en proporciones catastróficas. Con este esquema, usted tiene miedo de poderse romper fácilmente.

- **No ser digno de amor** es el miedo de ser en lo fundamental deficiente e imperfecto y, por ello, no ser digno de amor. Con este patrón puede sentir que algo le falta o que es tan imperfecto que los demás no pueden quererle.

- **La grandiosidad** es el sentimiento de que usted merece un trato especial. Externamente, este es el espejo opuesto del patrón anterior, de no ser digno de amor, pero la actitud interna es la misma: como usted se siente imperfecto, se comporta de forma grandiosa para refutar o disminuir las opiniones negativas que cree que los demás tienen de usted.

- **La privación emocional** se manifiesta como el sentimiento de que nunca podrá satisfacer sus necesidades emocionales. Cuando se ve atrapado en este patrón, no importa lo sensibles y nutridores que sean sus amigos y su pareja; seguirá creyendo que siempre continuará estando emocionalmente frustrado.

- **La exclusión social** es el patrón que implica vivir una sensación omnipresente de que no tiene ningún lugar entre los demás. Si se halla bajo los efectos de este esquema, se sentirá ofendido y pensará en sí mismo como un patito feo o una oveja negra.

- **El escepticismo** se manifiesta como paranoia y desconfianza de los demás. En este patrón desconfía de todos y cree que nadie es digno de confianza.

- **El complejo de fracaso** es la sensación de ser imperfecto y de que nunca puede triunfar, con independencia de lo que realmente logre. Esto puede convertirse en una profecía autocumplida. ¿Por qué molestarse en intentarlo si siempre va a fracasar?

Algo que todos los esquemas tienen en común es que nos mantienen atrapados en hábitos condicionados de mente que, en última instancia, interfieren en la conexión profunda con nosotros mismos y con los demás, y eso hace que la intimidad amorosa sea imposible. Por añadidura, todos se basan en una asunción falsa: que hay algo que falla en usted, y que si pudiera corregirlo, conseguiría la realización o la seguridad que anhela. Pero esta es la trampa de la automejora que expusimos en el quinto capítulo y solo le mantendrá estancado en el sentimiento de deficiencia. Así que, ¿cuál es la respuesta? Es útil saber reconocer sus esquemas. El verlos e incluso el entablar amistad con ellos pueden evitarle caer bajo su espejismo.

Reconocer sus esquemas puede también ayudarle a entender por qué puede tender a repetir ciertos patrones en las relaciones. Por ejemplo, si tiende a escoger patrones que son abusivos, podría ser un esfuerzo inconsciente destinado a volver a vivir experiencias traumáticas tempranas para poderlas dominar. Y aunque pueda parecer algo que va en contra de la intuición, encontrar personas que parecen ofrecerle la oportunidad de repetir esos patrones desastrosos de relación es habitualmente emocionante. Por eso, las personas que añoran tener una conexión emocional normalmente acaban casándose con personas que son frías y distantes. Pero no todo está perdido. Hay una forma de transformar estos patrones de relación: observar con atención plena las historias qué las impulsan y aceptar con compasión los sentimientos que conllevan. El próximo ejercicio le ayudará a hacerlo.

Ejercicio: reconocer sus esquemas

Este ejercicio le ayudará a identificar cualquier esquema que pueda estar relacionado con limitar los autoconceptos y patrones habituales de cómo se relaciona con los demás.

Préstese atención durante la semana que viene en sus relaciones con aquellos que son importantes para usted, a fin de ver si puede identificar sus esquemas habituales, utilizando la lista expuesta anteriormente como guía. Escriba cada día en su diario notas sobre las veces y lugares en que advirtió patrones de esquemas activos. Anote también con quién estaba y las circunstancias del encuentro. En cada ocasión, observe si puede descubrir cuál era el propósito al que su esquema se suponía que servía y apúntelo también en su diario.

Le recomendamos que apunte asimismo la ayuda de un miembro de la familia o de un amigo de confianza cuando investigue sus esquemas. A menudo, otros pueden ver nuestros esquemas con más claridad que nosotros. Recorra la lista de esquemas junto con esa persona y compruebe si ella reconoce los mismos patrones de esquemas que usted ha notado. A continuación, dedique un tiempo a anotar en su diario lo que ha descubierto en esas conversaciones.

Después de hacer la lista y explorar sus esquemas, emplee algo de tiempo con cada uno de ellos investigando si puede determinar qué tipo de experiencias de la infancia pueden haber conducido a su creación. Dedique también algún tiempo a escribir en su diario sobre lo que surja.

Por último, investigue lo bien que sus esquemas trabajan para usted. ¿Son esos los patrones que quiere mantener en su vida y en sus relaciones? ¿Qué clase de emociones aparecen cuando está atrapado en las garras de cada esquema? Si no quiere mantener esos patrones, ¿cómo puede empezar a liberarse de ellos? ¿Existen señales que pueden alertarle de que está cayendo en algún tipo de esquema? Vuelva a darse un tiempo para escribir en su diario acerca de lo que aprendió aquí.

Puede volver a este ejercicio en cualquier momento para investigar más cualquier patrón de esquema que advierta.

Aceptarse tal como es

Mientras sea arrastrado por un sentido del "yo" basado en la narrativa y en todas las limitaciones y el sufrimiento que conlleva, no puede ni encontrar ni sanar su corazón herido y, en consecuencia, permanece prisionero de su infancia. Conceptos sobre sí mismo como la falta de valía y la incompetencia suelen servir como distracción de los sentimientos que la historia oculta. Para vivir con su corazón totalmente abierto, debe primero encontrar, sentir y aceptar todos sus sentimientos.

Su forma de sentir las emociones cambiará cuando aprenda a estar en ellas y dejarlas ir y venir sin pensar que lo definen. En lugar de pensar: «Siempre soy tan estúpido y pierdo el control, ¿por qué tengo que ser así?», podría tener más bien esta actitud: «Me estoy sintiendo avergonzado de lo que hice y esto duele». En lugar de preguntarse: «¿Por qué tengo que ser una persona colérica?», podría pensar: «¡Guau!, estoy realmente sintiéndome enfadado. Me hieren mis sentimientos cuando ella dice eso». A medida que viva cada vez más en el "yo" basado en la inmediatez, aprenderá a estar con sus emociones de una manera más abierta y aceptadora, sin criticarse, ni creer que sus emociones representan imperfecciones del carácter que confirman una historia arraigada de usted.

No tiene que ir muy lejos para encontrar los sentimientos que necesita sentir. Tanto si ha empezado a meditar con las prácticas de este libro, como si ha estado meditando durante muchos años, probablemente se habrá dado cuenta de que los pensamientos y las emociones que le resultan más difíciles pueden surgir, y a veces surgen, llenando su mente durante la meditación. Por eso esta se llama a veces "acelerador de mierda". Tanto si los quiere como si no, tarde o temprano descubrirá sentimientos que fueron aplastados por una u otra razón. Quizá los reprimiera porque no tenía forma de afrontarlos en las situaciones en que surgieron por primera vez. Quizá no muestre su cólera actualmente porque sus padres no podían tolerar sus enfados. O quizá no comenzó a tener relaciones sexuales porque no se siente suficientemente válido para creer que alguien le pueda querer.

Las emociones surgen a la superficie cuando siente profundamente las historias que ha estado ocultando en ellas. Esto significa que esas historias pueden convertirse en benéficas si quiere trabajar sobre ellas con atención plena. Esto puede parecer que contradice bastante lo que hemos estado enseñando sobre cómo las historias nos seducen a creer en el espejismo de tener un "yo" fijo y estable. Sin embargo, si mira en el interior de sus historias con la curiosidad compasiva de la atención plena, descubrirá que estas conllevan sentimientos reprimidos que pueden tener un gran valor para usted. Aceptar totalmente estos sentimientos le liberará de los límites del "yo" que estas historias tejen. La clave consiste en sentir los sentimientos y darse cuenta de su expresión en el cuerpo, sin quedarse atrapado en la identidad que las historias crean. No las "compre"; escúchelas con su corazón y ponga la atención en los sentimientos más ocultos que están dentro de ellas. A medida que crezca su tolerancia y la aceptación de sus emociones, poco a poco será capaz de sentir con mayor intensidad los sentimientos que sus historias han ocultado. Y cuando se abra y acepte lo que siente, descubrirá que incluso una historia dolorosa es como un cofre del tesoro que guarda en su interior su corazón de corazones.

El valor de la aceptación radical

Una parte profunda de la práctica de la meditación consiste en aprender a decir sí a lo que es, aprender a relajarse y simplemente dejar que las cosas sucedan como quieran en su cuerpo y en su mente. A esto a veces se le llama "aceptación radical" (Brach, 2004). Puede pensar en ella como un debilitamiento de lo que le surge, en lugar de una contracción. Esto es especialmente importante cuando descubre que muchos de sus juicios más duros provienen de usted mismo. Esto no es inusual; cuando volvemos la atención hacia nuestro interior, muchos encontramos que somos más duros con nosotros mismos que cualquiera, o de lo que somos con cualquier otra persona. Compruebe si puede mitigar estas autocríticas y dese cuenta de si el hacerlo le ayuda a aumentar su autoaceptación. Puede aprender a dejar que cada cosa sea, tanto en su interior como en el mundo que le rodea. Puede aprender a ser simplemente como es y a dejar de querer ser de algún otro modo. Así, puede también liberarse de la sutil agresión de la superación personal.

Al trabajar con estas emociones que rechaza, resulta útil a veces desplazarse desde la intensidad de la emoción y centrarse en las sensaciones físicas conectadas con ella. Quizá se dé cuenta de que el miedo se expresa en su cuerpo de manera diferente que la vergüenza o la ansiedad. Vea si puede trabajar con emociones desagradables suavizando las sensaciones conectadas con ellas. La inmediatez de su experiencia sensorial le ayudará a permanecer enraizado en el momento. Incluso con las emociones muy difíciles, como la vergüenza, el miedo o el duelo, puede empezar a diluir su carga explosiva e integrarla gradualmente en su vida, afianzando su consciencia en el cuerpo a medida que surgen estas emociones.

Sepa que la aceptación radical no significa que usted esté bien con cosas terribles que le han sucedido o con situaciones abusivas o relaciones que está actualmente afrontando. Solo significa que reconoce cualquier cosa que ha sucedido. Y, como ya señalamos, si está trabajando con el trauma, es acertado y hábil acudir a un maestro o terapeuta de confianza para que le ayude en este proceso.

Los hábitos de distanciamiento reactivo o de apego están muy enraizados en el "yo" condicionado y pueden presentarse automáticamente y sin pensamiento alguno. Cuando se dé cuenta de que se ha distanciado repentinamente de sí mismo, o de que se está aferrando a un pensamiento o a un sentimiento, es el momento de practicar la aceptación radical.

Práctica de la atención plena: la aceptación radical

La intención de toda la práctica de la atención plena es desenchufar todo del piloto automático, aprender a responder en lugar de reaccionar a lo que sea que le salga al encuentro. Pero si es incapaz de aceptar su experiencia tal como es, continuará resistiéndose y reaccionando. Aprender a aceptar las cosas tal como son es una de las claves del camino de la atención plena y constituye una poderosa forma de vivir con su corazón plenamente abierto. Dese unos 30 minutos para esta sesión de aceptación radical.

Empiece practicando la respiración de la atención plena durante al menos 10 minutos. Deje que su respiración venga y vaya a su ritmo y utilice las sensaciones de la respiración para estar atento.

A continuación, abra su consciencia para atender a los pensamientos y emociones que surgen. Atienda particularmente a los pensamientos y a las emociones que sienta que son dolorosos o rechazables, cosas que teme, odia, o desea evitar. Durante los próximos 10 minutos advierta a qué se resiste y las reacciones que tiene cuando surgen estos pensamientos y sentimientos.

Sienta y reconozca cada uno de estos pensamientos y emociones desagradables como una simple posibilidad; por ejemplo: «el miedo a que nadie me querrá», «el miedo a estar solo», o «el odio a la gordura de mi cuerpo». Haga espacio para estos sentimientos con una actitud de aceptación y consentimiento. Si le sirve, diga sí a cada uno de estos pensamientos y sentimientos y déjelos ser. «Soy tan malo.» «Sí.» «Estoy siempre tan a la defensiva.» «Sí.» «Soy tan seductor.» «Sí.» Reconozca estas cosas tal como son. Algo sucedió o no sucedió. Simplemente deje que cada cosa sea y diga sí. Cuando atienda a estos pensamientos y sentimientos, utilice su respiración como herramienta para anclarse en el momento presente.

Cuando esté preparado, vuélvase a centrar en el cuerpo y dirija de nuevo la totalidad de su atención a la respiración que va y viene. Reconozca que los pensamientos y las emociones que está teniendo forman ahora parte del pasado y que puede dejarlos ser. A veces eran agradables y a veces desagradables, pero todos ellos eran acontecimientos transitorias. Pase otros 10 minutos simplemente atendiendo a la respiración y yendo a la sensación de la respiración cada vez que se dé cuenta de que la ha abandonado.

Tómese algo de tiempo para escribir en su diario sobre su sesión de aceptación radical. Reconozca y registre cualquier patrón particular que emergió cuando investigaba los pensamientos y sentimientos desagradables; por ejemplo, una enorme autoculpabilización por expectativas no realistas. Juicios muy parecidos a las frases que sus padres le decían cuando estaba bebiendo, o la vergüenza que le persigue por anhelar la confianza y aceptación por parte de alguien que le atraía. Tome nota de estas cosas con las que pasó malos momentos y diga "sí".

El ego es una buena cosa

Con todo el tiempo y propósito que hemos invertido en ayudarle a desidentificarse del "yo" basado en la narrativa y vivir en el aquí y ahora, puede pensar que creemos que el ego es algo malo y que tiene que librarse de él. Queremos aclararle que este no es nuestro mensaje y que ni siquiera es posible. De hecho, el ego es un buen servidor, aunque un desastroso maestro. Cuando aumente su consciencia de la atención plena, llegará a comprender las acciones de su ego y las historias incluidas dentro de su "yo" basado en la narrativa. Cuanto más avance en esta comprensión, más fácil le resultará tomar a la ligera estas historias y al mismo ego. En un retiro que tuvimos hace unos pocos años, el escritor y profesor de meditación Wes Nisker compartió con nosotros una ocurrencia de Ram Dass que expresa perfectamente lo que acabamos de exponer. Cuando se le preguntó cómo había afectado a la idiosincrasia de su personalidad todos los años que había pasado meditando, Ram Dass respondió: «¡Oh! ya no me tomo mi personalidad tan seriamente. Ahora la considero más como una mascota».

El hecho es que usted necesita tener un ego sano para liberarse de las ilusiones que teje su ego. Necesita los puntos fuertes del ego, como son la tolerancia, la aceptación, la compasión, el perdón y la autorregulación emocional, para que le ayuden a reconocer el sentido limitado del "yo" que ha creado tanto sufrimiento en su vida y liberarse de él. Nadie se libera del ego, es esencial para navegar en este mundo. Pero con suerte cultivaremos en la habilidad de utilizarlo y de no ser utilizados por él. Considerar a su ego más como una herramienta y menos como su identidad le ayudará a librarse de las historias que constriñen y limitan su vida, permitiéndole descubrir elementos más auténticos y liberadores en la historia de su vida. Y a partir de un punto de vista más expansivo, puede reconocer que alguna de las partes más problemáticas de su historia le han sido necesarias para llegar a ser quién es en su plenitud. Pueden también ser herramientas para ayudar a otras personas que se enfrentan a similares dificultades en la vida. Así pues, puede utilizar las historias que alguna vez le atraparon, poniéndolas al servicio de su despertar y del despertar de otras personas.

Ser sincero con uno mismo

La atención plena nos permite conocer las cualidades del ego y de la personalidad que nos han inducido a comenzar esta práctica: los deseos y las aversiones, los apegos y los espejismos, las cosas que odiamos de nosotros mismos o de los demás, todo lo que crea tanto sufrimiento en nuestras vidas. Pero ahora sabe que ver estas cosas no es lo mismo que identificarse con ellas, y que por perturbadoras que puedan ser, ser testigo de estas experiencias y dejarlas ser es la clave de la que dispone en su camino hacia la libertad. Es lo que le permite reconocer estos hábitos de la mente y desidentificarse del "yo" condicionado.

Con el tiempo, el "yo" condicionado ya no gobierna su vida,

se convierte en otro aspecto de quien es usted. Ya no lo tomará tan en serio nunca más. De hecho, puede incluso ser algo sobre lo que bromear de vez en cuando. A medida que este "yo" se torna menos importante, también disminuyen los apegos y los sufrimientos asociados a él, y esto crea más espacio para que florezca su "yo" basado en la inmediatez. Al mismo tiempo, se dará cuenta de que su historia se parece mucho a la historia de cualquiera y de que no está solo en el mundo. Todos los seres humanos tienen que encontrar una forma de afrontar el sufrimiento en su vida. Cuando vive con su corazón totalmente abierto a esta comprensión, descubre una mayor conectividad y compasión hacia todo el mundo y hacia todas las cosas, incluido usted mismo. De esta forma, la capacidad de atención plena y de autoindagación le permiten investigar y aceptar todos sus sentimientos genuinos y la verdad de su historia singular. Al abrirse a la verdad de estos sentimientos, puede encontrar su camino de regreso a sí mismo con veracidad y amor.

La historia de Brittanny

Cuando Brittany empezó a observar cómo trabajaba su mente durante un retiro de meditación, se quedó horrorizada al descubrir lo crítica que era con los demás. La manera en que un hombre se sonaba la nariz lo convirtió en su objeto de desprecio durante media hora. La cantidad de comida que ingería una mujer en el almuerzo la disgustó y ocupó totalmente su mente con críticas durante su almuerzo. Al tercer día de práctica, fue ella la que se convirtió en el objeto de sus juicios, pasando la mayor parte de la jornada condenándose a sí misma por ser tan crítica. Cuanto más se daba cuenta de estas cosas, más sufría. Decidió abandonar el retiro, pero encontró una oportunidad para hablar de su propio infierno autoconstruido con un maestro, el cual la ayudó a ver que esa mente desdichada no surgía porque estaba meditando, sino que surgía todo el tiempo en su vida cotidiana. Tan solo había empezado a darse cuenta de esto, justamente porque estaba meditando. Brittany decidió continuar el retiro y trabajar sobre este viejo hábito con más aceptación y compasión.

Por sugerencia del maestro, Brittany se dedicó el resto del retiro a practicar la técnica del AWARE, expuesta en el capítulo 4. Cada día se descubría cientos de veces reconociendo que estaba emitiendo juicios. Cada vez, se reorientaba hacia la consciencia compasiva y lo dejaba estar. Continuó esta práctica al volver a su hogar y decidió adoptarla permanentemente como una nueva forma de estar en el mundo. Durante los dos meses siguientes, los juicios siguieron siendo tan prolíficos como siempre, pero al menos ya no se los tomaba tan en serio.

Ser sincero con los demás

Poner la atención sobre sí en las relaciones interpersonales puede ser revelador y con frecuencia embarazoso. A menudo, quien es usted con otras personas no casa mucho con quien es usted cuando está solo; sin embargo, en última instancia ser real significa ser quien usted es todo el tiempo, incluso cuando está con otras personas. Esto es normalmente mucho más fácil de decir que de hacer. Nos tomamos demasiado en serio nuestro miedo a las opiniones ajenas. A veces puede ser útil considerar el consejo del financiero y hombre de estado Bernard Baruch: «A las personas que a usted le importan les da igual [lo que usted haga], y a aquellas que no les da igual, a usted no le importan» (Cerf, 1948, 249).

A pesar de todo, puede ser difícil ser real en sus relaciones interpersonales, especialmente cuando está usted actuando con el piloto automático. Mientras recorre el camino de la atención plena y de la autoindagación, es útil tener al menos un amigo al que pueda expresar su verdad y que pueda responderle también con la verdad (con amabilidad, aunque al principio no le guste oírla). Un amigo así puede inspirarle, consolarle y recordarle por qué empezó usted a meditar. Cuando se halle perdido de nuevo en su "yo" condicionado, ese amigo puede ayudarle a recuperar su atención plena. Y cuando las personas de su entorno a las que quiere pierdan su camino, usted podrá ayudarles a su vez. En este nivel de intercambio recíproco, es muy importante manifestar las capacidades de atención plena, benevolencia y compasión cuando se digan mutuamente la verdad.

La amistad es de vital importancia en este camino del despertar. Necesitamos la amistad de los demás si tenemos que crecer y darnos cuenta plenamente de la verdad y el amor que encontramos en nuestros corazones. Cada uno descubre cosas diferentes a lo largo del camino, y, al compartirlas, todos podemos contribuir a despertarnos unos a los otros.

Además nos necesitamos mutuamente de muchas formas. Descubrimos quiénes somos y cómo nos reflejamos en los ojos de aquellos que nos entienden, aceptan y apoyan. Nos volvemos reales en su amor. Un pasaje de la historia de *The Velveteen Rabbit** ilustra esto de una forma deliciosamente fantasiosa (Williams 1922, 4-5):

> –¿Qué es real?, preguntó el conejo un día....–. ¿Es tener cosas que zumban en tu interior y una palanca que te hace funcionar?
>
> –Ser real no es cómo estás hecho –dijo el Caballo de Piel–. Es algo que te pasa. Cuando un niño te quiere durante mucho, mucho tiempo, no solo para jugar, sino que realmente te quiere, entonces te haces REAL.
>
> –¿Y eso duele? –preguntó el conejo.
>
> –A veces –dijo Caballo de Piel, que era siempre sincero–, pero cuando eres real no te importa que te hagan daño.

---

*   Existe versión en castellano: *El conejo de peluche* (Editorial Vicen-Vives, 2003) (*N. del T.*).

–¿Pasa de repente como cuando te dan cuerda? –preguntó–, ¿o poco a poco?.

–No pasa de repente –respondió Caballo de Piel–, te vas haciendo poco a poco. Toma mucho tiempo. Por esto no le suele ocurrir a las personas que se quiebran fácilmente, o que son menos rígidas, o que tienen que ser tratadas con algodones. Generalmente, cuando eres real, se te ha caído el pelo de tanto amor, y tus ojos se salen, se te aflojan las articulaciones y estás muy gastado. Pero todo esto no importa en absoluto, porque una vez que eres real no puedes ser feo, excepto para las personas que no entienden... Una vez que eres REAL, no puedes volverte de nuevo irreal, es para siempre.

En la infancia, podemos habernos encontrado a nosotros mismos a veces en el reflejo de los ojos amorosos de nuestros padres. Como adultos, podemos descubrir esta clase de reflejo límpido en una pareja que nos apoya, en un amigo de confianza o en un terapeuta. En el budismo, podemos encontrar la verdad hablando con un maestro o en una *sangha*, la amistad espiritual de una comunidad de practicantes. En el cristianismo, este tipo de comunidad sanadora se llama congregación; en el hinduismo, es *satsang*, o compañía de la verdad; y en el sufismo se llama *sohbet*. Cada camino espiritual y de sanación reconoce el valor de las relaciones interpersonales en las que podemos ser auténticos, expresar nuestra verdad y acceder a los sentimientos genuinos.

Cuando reconocemos y aceptamos los sentimientos que nos

tragamos en la infancia y que hemos tenido escondidos desde siempre, resurge una vitalidad natural. Y mantener relaciones en un entorno donde podemos sentir y hablar de estos sentimientos nos hace sentirnos más vivos y reales. Martin Luther King, Jr., lo expresó muy bien: «Creo que la verdad desarmada y el amor incondicional tendrán finalmente la palabra» (1992, 110).

¿Qué significa volverse real?

A lo largo de este libro hemos expuesto la forma en que la atención plena puede ayudarle a salir de sus procesos habituales de autorreferencia, para descubrir un sentido más amplio de quién es usted. Cuando ya no se identifica con las historias limitadoras de sí mismo, descubre una nueva libertad y nunca tendrá que volver a quien solía ser. Esta expansión del "yo" constituye una especie de trascendencia. Literalmente, el "trance ends",* y usted ya no se identifica con la historia de un "yo" separado que se siente desconectado de todos. Ya no sigue contraído dentro de autodefiniciones críticas centradas en sí mismo, ni tampoco en preocupaciones incesantes sobre si es usted de algún modo imperfecto. Cuando esa historia se desmorona, su

---

*   Juego de palabras anglosajón: *trance* que significa, como en castellano, "trance", y *ends*, que significa, "termina, finaliza, acaba". Por tanto, transcendence = "final del trance" (*N. del T.*).

corazón puede abrirse totalmente a descubrir su lugar en una historia mucho más amplia, su lugar en la familia de todos los seres y de toda la naturaleza. Volverse real significa despertar a su totalidad y a su capacidad de interconexión innatas.

Volverse real lleva mucho tiempo y a veces duele. Cuando llegue a ser real, puede estar muy golpeado por la vida, viejo y gastado (como dijo el Caballo de Piel en *The Velveteen Rabbit*). A lo largo del camino, la mayoría de las personas sufrimos muchísimos desastres, humillaciones y enormes problemas vitales. Por eso, volverse real no le sucede a las personas que son demasiado frágiles. La meditación no es para los débiles de corazón. Aprender a desidentificarse del "yo" basado en la narrativa suele ser una tarea ardua y abrumadora. Al cabo del tiempo, sin embargo, se vuelve menos dificultoso o perturbador para poder amortiguar la caída ser atrapado y poseído por aquellas viejas historias de nuevo, e incluso puede convertirse en algo divertido.

Por supuesto, alguna de las formas en las que podemos ser poseídos por viejas historias no son en absoluto divertidas. Cuando son dañinas para nosotros o para los demás, como en el caso de la agresión, el abuso sexual y otros comportamientos destructivos o adictivos, es necesario dar una seria respuesta. En cualquiera de los casos, la clave es la consciencia de la atención plena. Dese cuenta de cuándo está cayendo en una acción con el piloto automático puesto y, en cuanto advierta que esto está sucediendo, decida vivir de una forma más consciente. Esté atento. Permanezca en contacto con sus sentimientos de benevolencia y compasión y utilice estos recursos para disolver todo el patrón destructivo de su conducta habitual. Desconfíe cada vez que se sienta compelido a hacer algo impulsivamente, o se vea reaccionando de forma automática. Las conductas habituales que surgen de viejas historias suelen estar impulsadas por el deseo o el miedo. Cuando hace una pausa antes de responder, es posible investigar la fuente de estas reacciones automáticas con una auténtica indagación de la atención plena: ¿De dónde viene esto? ¿Surge del miedo, de la cólera o del deseo? ¿Podría esta acción herir a alguien? ¿Tiene realmente que dar rienda suelta a este sentimiento exactamente en este momento?

Práctica de la atención plena: la indagación interpersonal

Un amigo nuestro tiene un saludo muy interesante en su contestador automático: «¿Quién es usted y qué desea?». Nos cuenta que siempre se produce un largo silencio antes de que responda la persona que ha llamado. Estas son preguntas profundas a las que vale la pena dedicarles una indagación personal profunda. Una forma muy eficaz de explorar estas preguntas es mediante la siguiente práctica de indagación interpersonal de la atención plena.

Escoja a alguien para compartir esta práctica con quien se sienta cercano y en quien pueda confiar. Esta práctica incluye la respiración plena. Si es necesario explique la respiración de atención plena a su compañero o compañera antes de empezar. Podrían incluso practicarla juntos unos minutos antes de intentar la sesión más larga y complicada que exponemos a continuación. Una vez que esté listo para empezar a practicar la indagación interpersonal, planee dos sesiones de hora y cuarto. Puede hacer dos sesiones en el mismo día o en días distintos. Sería útil tener un cronómetro o reloj que pueda sonar en intervalos de 15 minutos, para poder estar totalmente inmerso en la práctica sin tener que mirar el reloj. Antes de empezar, lea completamente la práctica expuesta a continuación para tener una idea de lo que implica y decida quién comenzará a preguntar en primer lugar.

Primera práctica: ¿Quién eres?

Siéntese directamente frente a su compañero y practiquen la respiración de plena consciencia durante 15 minutos.

Pasados los 15 minutos, establezcan contacto visual y empiecen la indagación. El indagador pregunta: «¿Quién eres tú?». Tras recibir la respuesta, hace una pausa de unos instantes y vuelve a plantear la pregunta de nuevo. Continúen con esta práctica durante 15 minutos. A continuación, permanezcan en silencio unos minutos.

Cambien de turno y repitan el proceso.

Reflexione sobre lo que surgió en esta indagación durante 5 minutos y después medite con atención en la respiración y en silencio durante 10 minutos. Al final de la meditación en silencio, concédanse mutuamente 5 minutos para hablar de esta experiencia.

Segunda práctica: ¿Qué quieres?

Siéntense de nuevo frente a frente y practiquen la respiración plenamente consciente durante 15 minutos.

Transcurridos los 15 minutos, establezcan contacto visual y empiecen la indagación. El indagador pregunta: «¿Qué quieres?». Tras recibir la respuesta, hace una pausa de unos instantes y vuelve a plantear la pregunta de nuevo. Continúen con esta práctica durante 15 minutos. A continuación, permanezcan en silencio unos minutos.

Cambien de turno y repitan el proceso.

Reflexione sobre lo que surgió en esta indagación durante 5 minutos y después medite con atención en la respiración y en silencio durante 10 minutos. Al final de la meditación en silencio, concédanse mutuamente 5 minutos para hablar de esta experiencia.

Estas preguntas y variaciones sobre el tema pueden ser muy reveladoras respecto a su "yo" condicionado y el grado en que está identificado con él. Otras preguntas pueden ser: «¿Qué papel tiende a desempeñar en las relaciones íntimas?». «¿Qué papel desempeña en su trabajo o en su profesión?». «¿Qué papel desempeña cuando está con sus padres?». «¿Qué papel desempeña como vecino?». «¿Qué papel desempeña como cliente?». Sea creativo; existen muchas formas de trabajar con un compañero para explorar quién es usted y cómo es. Un diálogo continuo entre usted y su pareja de meditación puede ayudarle a descubrir muchas cosas sobre sí mismo que podría no reconocer como propias. Vuelva a esta práctica una y otra vez para ver lo que descubre.

Estas sesiones serán mucho más provechosas cuando trabaje con una pareja de meditación con la que pueda compartir su verdad a fondo. No obstante, podría suceder que actualmente no tenga a nadie con quien pueda profundizar en este tipo de intercambio. Sin embargo, aun así puede explorar estas preguntas practicándolas por escrito en su diario. Cree las mismas circunstancias para sí, como si estuviera trabajando con un compañero, disponga de un cronómetro y escriba, desde la inmediatez de su experiencia, cualquier cosa que estas preguntas le sugieran. Como la escritura requiere más tiempo que hablar, dese más tiempo para cada indagación.

El amor como una forma de ser

En la tradición islámica, se dice que la motivación divina para la creación surgió del deseo de ser conocido, cuando según consta Dios manifestó: «Yo era un tesoro oculto. Anhelaba ser conocido y cree el mundo para poder ser conocido» (Frager y Fadiman, 1999, 92). A veces sentimos que hay algo más en el hecho de ser humanos de lo que nos hemos permitido conocer. Sentimos que existe un manantial interno de sabiduría, compasión y amor, y que hay algo que supuestamente tenemos que hacer con ello. Llegamos a conocer estos tesoros en su expresión. Un poema de Rumi lo expresa con mucha belleza (1997, 31):

> Hoy, como cualquier otro día, nos despertamos vacíos y asustados.
> No abras la puerta al estudio y empieces a leer.
> Toma un instrumento musical.
> Deja que la belleza de lo que amamos sea lo que hacemos.
> Hay cientos de formas de arrodillarse y besar el suelo.

Nos encanta Rumi (y el dotado traductor Coleman Barks), porque habla desde un corazón completamente abierto con tanta elocuencia. Podemos encontrar los tesoros de la paz, la bondad y la gentileza en nuestro interior, cuando dejamos que la belleza que amamos sea lo que hacemos. Si quiere aprender sobre el amor, ame esta respiración, esta expresión de vida en el momento en que está sucediendo. Hágalo ahora. No se limite a considerar el concepto, realmente hágalo. Cierre los ojos y ame esta respiración como la está sintiendo. El amor no es lo que piensa. Es lo que hace; es una forma de estar en el mundo. De la misma manera, la atención plena y la compasión no son simplemente algo sobre lo que leer. Son dos formas de ser. A medida que encuentre los sentimientos que han permanecido enterrados y escondidos dentro de su corazón y los acoja, puede llegar a conocer y a amar el corazón que siempre los ha albergado. Descubra entonces quién es y siempre ha sido a medida que va emergiendo de lo que no es y nunca ha sido. Cuando la flor cae, aparece un delicioso fruto. Cuando deja partir el cuerpo de crisálida de su historia, aparecen alas. Se vuelve quien es. Se vuelve real. Por eso tantos profetas y poetas místicos hablan de la necesidad de morir antes de poder renacer.

Imagine que está en el mar en una noche tranquila, su barco deslizándose en medio del silencio. Las estrellas están brillando con tanto fulgor en el espejo del agua como en el cielo y no puede encontrar una línea entre lo que está arriba y lo que está abajo. Suspendido aquí, usted se vuelve tranquilidad, flotando en algún lugar entre la vastedad de abajo y la vastedad de arriba. Su corazón empieza a henchirse de amor. Busca la línea que le separa de todo lo demás y no está ya ahí; entonces se convierte en parte de la inmensidad.

Si quiere vivir con su corazón totalmente abierto, sea como un río que constantemente se une al mar. Esto es lo que significa volverse real a través del amor: permitir que el amor le transforme tanto, que se vuelve infinito como el río mientras se entrega por completo e incesantemente al amor y a la compasión; una presencia encarnada que acoge a todos y todas las cosas como parte de una gran totalidad.

Saborear este viaje

En este capítulo hemos presentado dos prácticas de atención plena: la aceptación radical, y la indagación interpersonal. La aceptación radical es una extensión del trabajo que empezó con la autoindagación de la atención plena. Lleva la consciencia enfocada de la atención plena a aquellos pensamientos y sentimientos que parecen más dolorosos y aversos. Pero durante esta fase de su viaje de atención plena, usted se ha pulido y ha desarrollado muchos de sus aspectos, que incluyen la percatación, el cultivo del amplio espacio, la autocompasión y la reconciliación. Todo esto le ayudará a expandir la aceptación radical incluso de los pensamientos y de las emociones más difíciles. Esta es la clave de la ecuanimidad, y es esencial para continuar viviendo con su corazón completamente abierto, con independencia de las circunstancias que la vida pueda depararle. Le recomendamos que practique la aceptación radical frecuente y formalmente hasta que sienta que se convierte en algo natural. Entonces podrá llevar con mayor facilidad esta actitud a su vida cotidiana.

La indagación interpersonal es una forma de expandir su práctica de la atención plena para incluir a los demás. Si encuentra a otros que están interesados en practicar junto con usted de esta forma, aproveche la oportunidad para hacerlo con regularidad.

8. Despertar a la sabiduría y a la compasión

El amor se ha hecho totalmente amigo de Hafiz,
convirtiéndose en cenizas, y me ha liberado
de cualquier concepto e imagen
que mi mente haya conocido jamás.

HAFIZ

Es posible librarse de las garras de la falta de valía, de la incompetencia y de la vergüenza. Afortunadamente, todo lo que ha aprendido en este libro y en su práctica de atención plena le aseguran eso. Habrá momentos en los que caerá en el piloto automático y, una vez más, se verá atrapado en su historia, pero recuerde que en el mismo momento en que se dé cuenta de que no está presente ya está presente de nuevo. En el momento en que sea consciente de en qué lugar está atrapado por sus pensamientos y emociones, puede empezar a liberarse. La atención plena es el lugar en el que puede ver claramente y tomar decisiones inteligentes, decisiones conformadas por el momento presente, no por su pasado o por el futuro imaginado. No hay nada como el momento presente, y la buena noticia es que cada momento está con usted allí donde esté. Cada momento es una oportunidad de empezar de nuevo. No importa cuántas veces no esté presente, puede hacerse presente una y otra vez con tierna misericordia y compasión.

En el capítulo anterior tratamos de cómo hacerse real. A medida que continúe trabajando con todas las prácticas de la atención plena y compasión que ha aprendido en este libro, se liberará gradualmente de los límites del "yo" basado en la narrativa. A medida que el "yo" se vuelva más plenamente atento y actúe cada vez más desde el "yo" basado en la inmediatez, podrá vivir con mayor espacio interior. Esta joya del despertar es su derecho de nacimiento, es algo que existe dentro de todos. La puerta está en su corazón. No es necesario mirar afuera; todo lo que necesita conocer está dentro de usted, quizá simplemente tiene que ser descubierto. Encontrarse y volverse real no es diferente a cuando Miguel Ángel esculpió un bloque de mármol para revelar al David que estaba dentro. Recuerde que usted no ha nacido "malo" ni en modo alguno imperfecto. Realmente hay mucho más de correcto en usted que de equivocado, y no es culpa suya que en alguna parte del camino haya perdido la soberanía.

Al ser este el capítulo final, queremos ofrecerle un gran final. No piense en el trabajo de este capítulo como la conclusión del libro o el final de este proceso y de este camino. Por el contrario, constituye el próximo paso en el viaje de su vida, y otro paso para una mayor libertad. Sentimos que no hay trabajo más noble que el trabajo interior en uno mismo. El trabajo que hace para sanarse también sana el mundo. Traer paz al mundo empieza en su interior y dentro de cada uno. En este capítulo exploraremos formas en las que puede fortalecer una atención plena, una sabiduría y una compasión más profundas, de modo que pueda aumentar esos dones dentro de sí y ofrecerlos al mundo.

La Segunda Noble Verdad

La psicología budista habla de cuatro principios básicos –las Cuatro Nobles Verdades– como algo integral para liberarnos de los límites de un concepto limitado de sí. La primera consiste en que el dolor es inevitable. Cada uno tiene que afrontar situaciones difíciles, y nadie puede escapar del envejecimiento, la enfermedad, la muerte o la separación. La segunda es que el sufrimiento está causado por el deseo o el apego, que están alimentados por la ignorancia. La tercera es que existe una salida al sufrimiento mediante el abandono de nuestro apego e ignorancia. La cuarta es una elaboración sobre el camino de la liberación del sufrimiento, conocida como Noble Óctuple Sendero. También describe ocho principios de vida que pueden ayudarnos a liberarnos del sufrimiento, del apego y de los límites de un "yo" basado en la narrativa.

Consideremos más detalladamente el segundo principio, la causa del sufrimiento, puesto que es lo que subyace en la raíz del dilema que este libro trata. Ajahn Amaro ofreció una traducción con una visión penetrante de este principio: «Esta es la noble verdad de la causa del sufrimiento: es el deseo ansioso lo que es acuciante, intoxicante, lo que nos causa volver a nacer a estas cosas una y otra vez, buscando siempre el deleite, bien aquí, bien allá, concretamente ansiando el deleite sensual, el deseo de ser alguien, el deseo de no sentir nada» (2010).

Este tipo de apego y aversión intoxicadores alimenta el "yo" basado en la narrativa. Cuando estamos intentando obtener más o desechando lo que está aquí, rara vez estamos satisfechos y llevamos una vida de inestable insatisfacción. Lo cierto es que todo es transitorio; por ello, no importa lo gratificante que pueda ser algo, porque no durará.

Trabajar con sus demonios

Hemos dedicado mucho espacio a exponer cómo se construye el "yo" basado en la narrativa. Y si es verdad que usted no puede responsabilizarse de los acontecimientos de su tierna infancia que lo condujeron a la creación de su historia, sí puede escoger cómo responder en el aquí y ahora. Un poderoso punto crucial en su relación con el "yo" basado en la narrativa se presenta cuando empieza a responsabilizarse de sus acciones y, en consecuencia, de su propia felicidad o tristeza. Comprender y apreciar lo mucho que sus acciones contribuyen a su "yo" basado en la narrativa puede ser inmensamente liberador, pero llegar ahí puede ser un viaje aterrador. Tal vez reconozca que debe cambiar sus hábitos, pero al "yo" condicionado no le gusta.

Quizá se haya dado cuenta de que a veces prefiere vivir de un modo destructurado que asumir el riesgo de intentar algo nuevo. A menudo, no encontramos la fuerza de voluntad para cambiar hasta que el sufrimiento de nuestras vidas se hace muy intenso. Sin embargo, saltar hacia lo desconocido es una forma maravillosa de descubrir más libertad. Debe usted afrontar sus miedos para encontrar y abrir su corazón. Esto no es un concepto nuevo; ha estado presente durante muchos milenios en diferentes tradiciones y fue la clave de la iluminación de Sidharta Gautama, que le llevó a ser conocido como el Buda o El Despierto. Esta iluminación o despertar le sucedió mediante la superación del apego, la aversión y la inconsciencia de su "yo" condicionado.

Se dice que durante la noche de su iluminación a Sidharta lo visitó y tentó Mara, que podría considerarse como una manifestación de los aspectos psicológicos de la codicia, el odio y la ignorancia; esas voces que usted oye dentro de su cabeza y que conducen al apego, la aversión y el error y crean sentimientos de incompetencia, vergüenza y falta de autoestima. Esas voces le hablan cuando se dice a sí mismo: «nunca seré suficientemente bueno», «ni siquiera sé por dónde empezar» o cualquiera de los mensajes de autoderrota que se dice a sí mismo cuando está atrapado dentro de los límites del "yo" basado en la narrativa.

A lo largo de la noche del despertar del Buda, Mara le golpeó con las armas del miedo y la tentación de la lujuria, en un intento de distraerlo de su búsqueda, pero cada vez que Mara atacaba, Sidharta no reaccionaba. En vez de ello, simplemente decía: «Te veo, Mara». Su visión clara y su elección de no reaccionar despojaron a Mara de cualquier poder para influenciarle, rompiendo la cadena de su mente y de su corazón.

Después de su larga vigilia de aquella noche, Sidharta desarrolló una profunda comprensión interna de las Cuatro Nobles Verdades (el sufrimiento, su causa, su cese y el óctuple sendero hacia la libertad) y llegó a ser conocido como el Buda o El Despierto. Vio a través de su "yo" condicionado y alcanzó el "yo" no condicionado, o iluminación. Usted también puede, del mismo modo, aprender a permanecer meditando con sus propias manifestaciones de apego, aversión, ignorancia, y empezar a nombrarlas y reconocerlas. Empiece diciendo a sus deseos, juicios e historias: «Te veo, Mara». Cuando se descubra apegándose a algo, confundido, o sintiéndose sin valor, es muy eficaz nombrar cualquier cosa que esté viviendo. Empiece diciendo: «Te veo odio a mí mismo», «te veo falta de autoestima», «te veo vergüenza», «te veo ansia de ser alguien diferente», o cualquier otra frase que puede aplicarse a lo que está viviendo.

Las semillas del despertar no eran exclusivas del Buda; están en todos nosotros y solo esperan condiciones favorables para florecer. Aportar consciencia y reconocimiento a lo que obviamente era desconocido y no ha sido nombrado es como aportar agua y luz a esas semillas; es una parte fundamental del despertar a la sabiduría y a la compasión. La luz de la consciencia le permite reconocer el apego y la aversión, y le ayuda a ver a través de la niebla de la inconsciencia, para poder sentirse más libre.

La historia de Jason

Jason empezó practicando la meditación de la atención plena porque era infeliz. Muy temprano en su vida había aprendido que la consecución de objetivos era la forma de ser feliz y afortunado, y desde entonces había perseguido incesantemente ese camino. Era el mejor en los estudios, se licenció con grandes honores en una escuela técnica de ingeniería de alto prestigio y fue contratado por una gran empresa con un sueldo de seis cifras. Se casó, puso en marcha una familia, se compró un buen auto y adquirió todos los nuevos artilugios tecnológicos y todos los juguetes de moda.

Desde fuera, todo parecía estar bien. Jason era un buen marido y un buen padre, y todo el mundo le felicitaba por sus logros, pero en lo más profundo de sí, le corroía un insidioso sentimiento de inquietud. No estaba muy contento con lo que poseía. Al principio pensó que solo necesitaba más, así que continuó comprando los últimos productos más grandes y más nuevos: un barco, un sistema de cine casero y, por último, una segunda residencia de vacaciones. Sin embargo, seguía sintiéndose a la deriva y no sabía qué hacer con su vida.

Al final, estos sentimientos lo condujeron a un curso de reducción del estrés basado en la atención plena que le ofreció su empresa. Estaba cansado de sentirse perdido y de no disfrutar de sus "éxitos", y decidido a entenderse más a sí mismo y comprender por qué se sentía como se sentía. Era un territorio completamente nuevo para él, pero como ingeniero se decía que estos sentimientos permanentes debían tener una causa subyacente. Después de varias semanas en el programa de atención plena, Jason emprendió un viaje de negocios que pasaba por la ciudad en la que había crecido. Aunque no era su costumbre, dio un largo y lento paseo por su viejo barrio. Confesó que se sintió atraído a pasear por sus viejos fantasmas para ver qué surgía en su interior. Mientras paseaba cerca de la escuela donde había estudiado, vio a un niño, quizá de siete años, jugando en el mismo parque infantil en el que había jugado hacía décadas.

Mientras recorría su vieja calle, se vio sumergido en una gran cantidad de recuerdos; vio las casas de sus antiguos amigos de infancia, incluida la de John, que le llevaba exactamente un año y que había muerto el año anterior. Jason pasó por delante de su vieja casa y sintió la necesidad de llamar a la puerta y decir a sus inquilinos que él había vivido allí y que había sido su casa, pero se detuvo para mirar simplemente el exterior. Vio la vieja barbacoa de ladrillo que su padre había construido, y esto le hizo muy feliz.

Sin embargo, ese paseo por su viejo barrio era como visitar los fantasmas de su pasado y surgieron muchos recuerdos dolorosos, hechos que no había recordado durante años. Recordó haber sido motivo de burla y diversión y cómo a otros niños no les gustaba por ser listo y parecerles raro. Recordó a adultos hablando sobre quién era afortunado y quién no lo era y cómo medían el éxito en términos de tener una casa o un coche más grandes, o un sueldo mayor. Se dio cuenta de que fue entonces cuando empezó a tener la idea de que el éxito podía comprar la felicidad. Cuando meditó sobre esta comprensión recordó haber tomado una decisión siendo niño que mostraría a todo el mundo: sería una persona realizada y rica y, como consecuencia, sería muy feliz.

Cuando continuó recorriendo su vieja calle, se sintió dispuesto a que emergieran estos dolorosos sentimientos y a reconocerlos y dejarlos ser: todos los dolores profundos del pasado. Se permitió sentirlos todos: no ser apreciado, el dolor de querer ser diferente o especial, y el miedo de no llegar a ser nunca suficientemente exitoso para ser verdaderamente feliz. Vio cómo todo eso había creado una historia que le conducía a su actual insatisfacción, y también se dio cuenta de que él era mucho más que esta vieja historia. Esta percatación le proporcionó los primeros sentimientos de libertad y posibilidades que no había tenido en mucho tiempo.

Durante las semanas siguientes, Jason empezó a ver las cosas de forma diferente. Se dio cuenta de que no había nada intrínsecamente malo en las cosas materiales y que podía disfrutarlas, pero también empezó a ver que la verdadera felicidad proviene de dentro. Cuando consideró a posteriori las luchas de su infancia, sintió mucha compasión por el niño que había sido y abrió su corazón a hacer las paces consigo mismo. Y después de todas esas décadas de pensar que más es siempre mejor, se liberó increíblemente, hasta aceptarse por fin a sí mismo y aceptar sus logros como suficientes. Cuando se sintió más conectado consigo mismo, se sintió más conectado con todo el entorno y con todo el mundo, y sus relaciones se transformaron. Cuando presentó su "yo" real y auténtico a su esposa, a su familia, amigos y a los demás, sus relaciones se impregnaron de una calidad de bondad, claridad y sentido que jamás hubiera imaginado que fueran posibles. Su corazón se liberó y empezó a inundarse de amor.

Ejercicio: «¡Ah, eso también!»

«¡Ah, eso también!» es otra forma de decir «Te veo Mara». Es una forma de reforzar la disposición a admitir y reconocer todos los sentimientos dolorosos que ha estado albergando. Este reconocimiento puede aligerar su pesada carga.

Empiece llevando su consciencia a su respiración y practicando la respiración de la atención plena durante unos minutos.

Desplace gradualmente su atención e imagine que está paseando por el barrio donde vivió en otro tiempo. Visualice su vieja casa y las casas de sus amigos. Recuerde el olor de las hojas que se queman en otoño, los perros ladrando, los grillos cantando durante los días calurosos de verano, y cualquier detalle que asocie con más intensidad a su casa de la infancia. Sumérjase realmente en ese escenario.

Ahora desplace su foco de atención y pase unos minutos reflexionando sobre cualquier sentimiento o recuerdo doloroso que esta visualización de la casa de su infancia pueda evocar. Dese cuenta de cómo siente su cuerpo, pensamientos y emociones. Reconozca e intente a simplemente dejar ser, cualquier sentimiento que descubra. Utilice la afirmación simple, «¡Ah, eso también!», para ayudar a nutrir un espíritu de apertura y curiosidad sobre esos sentimientos.

Cuando dé la bienvenida a esos sentimientos tanto tiempo descartados, considere si le proporcionan una comprensión más clara de por qué ve el mundo como lo ve y por qué tiende a estancarse en las mismas historias. Y en ese mismo momento advierta qué siente cuando es consciente de su "yo" basado en la narrativa. ¿Cómo le afecta su experiencia del "yo" basado en la inmediatez en ese mismo momento?

Ahora desplace suavemente su atención al corazón y dese unos minutos para honrar aquello sobre lo que acaba de reflexionar. Se requiere valor y vulnerabilidad para abrir su corazón a sentimientos dolorosos. Dese más ternura y compasión a sí mismo.

Vuelva a la respiración de la atención plena durante unos minutos.

Tómese un tiempo para escribir en su diario las experiencias que vivió con este ejercicio. ¿Fue capaz de acceder a recuerdos de la infancia? ¿Qué surgió física, mental y emocionalmente? ¿Qué ha aprendido de esta exploración que pueda llevar a su vida ahora mismo?

¿Qué perro está alimentando?

Existe una vieja historia nativa americana sobre un anciano que sentía que tenía dos perros viviendo en su cabeza, uno malvado y el otro amistoso, que a veces luchaban entre sí. Alguien le preguntó en cierta ocasión: «¿Qué perro suele ganar?» y él respondió: «Depende de a cuál de los dos alimentes».

¿Puede encontrar alguna relación con esta historia? ¿Qué actitudes de mente alimenta usted? La psicología budista ofrece enseñanzas muy sensibles y prácticas para facilitarle que escoja bien a qué perro alimentar. Se encuentran en las Cuatro Nobles Verdades y el Óctuple Sendero, que describe ocho elementos interrelacionados para despertar. Este sendero es una forma de vida en el mundo que le ayuda a nutrir la felicidad y la paz. Este sendero le asiste para fomentar la compasión, la sabiduría y, desde la perspectiva psicológica, la estabilidad mental. Los ocho elementos de este sendero son de una inmensa importancia para favorecer la eliminación del trance de la falta de autoestima, la incompetencia, la vergüenza y todo el sufrimiento que conllevan, así que daremos un vistazo a todos ellos. A veces están divididos en tres aspectos que se apoyan mutuamente entre sí: la sabiduría, la integridad, y la concentración. Se considera que esos tres aspectos forman un camino que empieza y termina con sabiduría. La sabiduría le pone en el camino y le guía para vivir su vida con más integridad. A su vez, la integridad apuntala la concentración o el entrenamiento de la mente, que le permite una mayor sabiduría para crecer. Volver de nuevo a la sabiduría desde esta perspectiva crea una espiral que toma el camino de una mayor comprensión de la naturaleza de la mente y el cuerpo.

Así pues, echemos un vistazo ahora a los ocho elementos

del Óctuple Noble Sendero dentro de estas tres divisiones: sabiduría, integridad, y concentración.

Sabiduría

La sabiduría se compone de dos elementos: la sabia comprensión, y la sabia intención. Estos elementos de vital importancia le despiertan e inspiran para recorrer el camino de la paz. Le ayudan a reconocer que cosecha lo que siembra y le inspiran a que empiece a mirar más en su interior. No piense en estas cualidades, o en ninguno de los aspectos del Noble Óctuple Sendero, como exigencias o mandatos; por el contrario, considérelos como formas de aprender a crear menos sufrimiento en su vida. Sea compasivo consigo mismo al recorrer este sendero. Habrá ocasiones en las que caerá en la habitual y vieja sensación de falta de autoestima, incompetencia y vergüenza, pero en el momento en que se dé cuenta, ya habrá vuelto de nuevo y se habrá liberado de verse atrapado en su condicionamiento.

Con la sabia comprensión empieza a ver las causas de su sensación de vergüenza, incompetencia e imperfección, así como que existe una salida. Reconoce que mediante sus pensamientos, su mente es la creadora de su propio cielo y de su propio infierno. Comienza a comprender que sus acciones crean reacciones e intenta vivir sin dañarse a sí mismo ni a los demás.

Con la recta intención, aprende a dejar de apegarse a deseos y a sentir aversión, no porque sea moralmente malo, sino porque crea sufrimiento en su vida. Además, la sabia intención le avisa y le invita a "alimentar al buen perro", practicando la buena voluntad, la compasión y la benevolencia, y a dejar morir de hambre al "perro malo" que vomita juicios, mala voluntad, cólera e infelicidad.

Pruebe los siguientes ejercicios como forma de desarrollar estas cualidades.

Ejercicio: cultivar la comprensión e intención correctas

Durante la semana próxima, tómese un tiempo al día para observar su mente cuando vive un acontecimiento desagradable o estresante y reacciona ante él. Dese cuenta de si su reacción aumenta o disminuye su sensación de estar bien en su cuerpo, en sus pensamientos y en sus emociones.

Con el tiempo, advierta si observa que emerge algún patrón habitual. ¿Advierte alguna acción que crea sentimientos de falta de valía, vergüenza o incompetencia? ¿Qué puede aprender sobre sí a partir de estos patrones?

Cree un propósito para evitar causarse daño a sí mismo o causarlo a los demás con sus pensamientos, palabras o acciones. Advierta qué le hace sentir el seguir este propósito.

Cree un propósito para practicar la buena voluntad, la compasión y la benevolencia hacia sí mismo y hacia los demás. Note de nuevo cómo le hace sentir el seguir este propósito.

La integridad

A medida que aumentan su recta comprensión y su recta intención, empieza a reconocer la importancia de vivir la vida con más integridad o virtud. Entiende los efectos y los impactos de sus acciones sobre sí mismo y sobre los demás. Vivir con integridad se considera una práctica fundamental para desarrollar la concentración y la estabilidad mental, lo cual a su vez es esencial para que aumente la sabiduría. Esto sucede porque lo que hacemos y cómo lo hacemos ejercen una poderosa influencia en nuestras relaciones y en cómo nos sentimos. Para vivir con integridad necesitamos prestar atención a lo que decimos y hacemos, incluyendo lo que hacemos para ganarnos la vida. Sin duda, estos son los tres elementos del Noble Óctuple Sendero dentro de la división de la integridad: palabra correcta, acción correcta, y medios de vida correctos.

La palabra correcta es la práctica de estar totalmente atento a sus palabras y a su discurso con honestidad y amabilidad en todas sus relaciones, incluyendo las relaciones consigo mismo. Esto implica obviamente evitar palabras que hieran sentimientos y causen dolor, como la calumnia, los insultos, los chismes o las palabras ásperas. También incluye evitar el charloteo sin sentido. Hablar sin sabiduría crea desarmonía y causa división. Cuando habla con cuidado, las palabras pueden sanar y crear una conexión profunda. Las palabras son poderosas y pueden bendecirnos o herirnos. Convierta en una práctica el estar plenamente atento a su propio diálogo interior. Suele estar lleno de odio hacia sí mismo y duras críticas; dese cuenta de cómo esto alimenta una sensación de falta de autoestima, incompetencia o vergüenza.

La intención correcta es importante por muchas razones, de las cuales no es la menos importante el hecho de que sus acciones tienen tanta influencia en sus estados de humor como en sus relaciones. La acción correcta significa vivir de una forma que cause el mínimo daño, tanto a sí mismo como a los demás. Implica vivir con integridad, puesto que esta sostiene la felicidad, la satisfacción y la mente silenciosa. La meta consiste en aumentar la seguridad para sí mismo y los demás poniendo una gran atención en lo que hace y no hace. Obviamente, esto significa no matar, no robar ni herir a otros, ni física ni emocionalmente. También significa evitar el alcohol y otras sustancias tóxicas. Si su mente está confusa es muy difícil practicar estas metas y vivir con integridad.

Los medios correctos de vida pueden considerarse como una extensión de la acción correcta. Es importante aplicar todas estas consideraciones a lo que hace para ganarse la vida e intentar encontrar un empleo que no sea dañino para nadie. Al mismo tiempo, reconocemos que esto puede no ser factible si está luchando para conseguir sus metas o encontrar cualquier trabajo. Tal vez no pueda cambiar su empleo o encontrar el trabajo ideal en este momento, pero puede encaminarse hacia ello y, al mismo tiempo, puede elegir la acción correcta respecto al trabajo y la profesión. Al final, descubrirá que cuando sus medios de vida, sus palabras, e incluso la menor de sus acciones son elegidas al servicio de una vida con integridad, no solo se beneficia usted, sino también todos los que lo rodean.

Ejercicio: cultivar las rectas palabras, la recta acción y los rectos medios de vida

Este ejercicio le ayudará a explorar sus palabras, acciones y medios de vida. Durante la semana próxima, le pedimos que dedique un día entero a cada una de estas facetas con la intención de escoger las rectas palabras, la recta acción y los rectos medios de vida. Cuando lo haga, sea como un científico y observe cómo le afecta y afecta a los demás a lo largo del día actuar sobre estos propósitos.

En primer lugar, escoja un día para practicar las rectas palabras. Ese día preste mucha atención al uso de sus palabras a lo largo de toda la jornada y haga un esfuerzo sincero para hablar con honestidad y bondad en todas sus comunicaciones, incluyendo su monólogo interior. Al final del día, tómese algún tiempo para escribir en su diario lo que descubrió. ¿Cómo hizo que se sintieran los demás practicar las rectas palabras?

A continuación, escoja un día para practicar la recta acción. Ese día preste mucha atención a sus acciones a lo largo de toda la jornada y haga un sincero esfuerzo para actuar con bondad y no causarse ningún daño a sí mismo ni a los demás. Al final del día, tómese algún tiempo para escribir en su diario lo que descubrió. ¿Cómo el practicar la recta acción le hizo sentir a usted y a los demás?

Por último, escoja un día para practicar los rectos medios de vida. Durante ese día preste mucha atención a cómo se siente haciendo el trabajo que hace. Durante toda la jornada haga un esfuerzo para trabajar con bondad y no causarse daño a sí mismo ni a los demás. Intente manifestar respeto y bondad a todos sus compañeros de trabajo y trabajar con eficacia y sinceridad. Cultive un espíritu de cooperación en lugar de competir e intente ser justo. Al final del día, dese algo de tiempo para escribir lo que descubrió. ¿Cómo el practicar los rectos medios de vida le hizo sentir a usted y a los demás?

La concentración

Vivir con integridad y bondad, incluso hacia sí mismo, puede suponer un largo camino para disolver los sentimientos omnipresentes de vergüenza, incompetencia y falta de valía. Estas prácticas de vida virtuosa cultivan la seguridad y también ayudarán a su mente a volverse más silenciosa, clara y capaz de concentrarse. Aquí entramos en la tercera división del Noble Óctuple Sendero, que comprende el recto esfuerzo, la recta atención y la recta concentración.

El recto esfuerzo le ayuda a reconocer y a reducir los estados mentales que crean sufrimiento. No existe un fuego más ardiente que la codicia, ni un hielo más frío que el odio, ni una niebla más espesa que la ignorancia. Con el recto esfuerzo empieza a desarrollar y a mantener estados de mente que, desde la perspectiva de la psicología budista, promueven el despertar: la atención plena, la indagación, la energía, el éxtasis, la tranquilidad, la concentración, y la ecuanimidad.

La recta atención es algo que ha explorado mucho a lo largo de este libro; es una práctica y una forma de vida que le permite considerar, reconocer y permanecer con todos los aspectos de su experiencia. Esta es la forma más directa de desenredarse del "yo" condicionado. Los cuatro fundamentos de la recta atención plena son: la consciencia del cuerpo, la consciencia de las variaciones emocionales (experiencias momento a momento del cuerpo y de la mente que son placenteras, desagradables o neutrales), la consciencia de los estados mentales, y la consciencia de los objetos mentales o fenómenos. Las cuatro formas de consciencia sostendrán su despertar y le ayudarán a comprender cómo trabajar con los obstáculos que surgen en la meditación. A lo largo de este libro hemos proporcionado prácticas que desarrollan cada uno de estos cuatros fundamentos básicos relacionados entre sí. El escaneo corporal, la respiración plenamente consciente y la aplicación de la atención plena a sus actividades cotidianas le ayudan a desarrollar la atención plena al cuerpo. Estar plenamente atento a los cambios emocionales de cualquier experiencia corporal y mental le ayuda a estar atento a sus sentimientos viscerales. La práctica de estar plenamente atento a los pensamientos y a las emociones, la autoindagación y el darse cuenta le ayudarán a desarrollar la consciencia de los estados mentales. Y la práctica de la meditación de la atención plena le ayuda a desarrollar la consciencia de los objetos mentales o fenómenos, lo que respalda una sabiduría más profunda. Aunque estas prácticas tienen diferentes focos de atención, en última instancia están todas interconectadas e interrelacionadas y todas ellas nutren y acrecientan la recta atención plena.

La recta concentración le permite cultivar una mente más silenciosa, tranquila y serena. Mediante la práctica de enfocar su consciencia en un solo objeto (como, por ejemplo, la respiración) y permanecer en él, su mente consigue estar más centrada y usted puede experimentar niveles más profundos de calma y tranquilidad.

Ejercicio: cultivar el recto esfuerzo, la recta atención y la recta concentración

Este ejercicio le ayudará a explorar el recto esfuerzo, la recta atención y la recta concentración durante la próxima semana. Al igual que con el ejercicio anterior, cada día lo dedicará enteramente a practicar aspectos de estas tres facetas observando su impacto sobre sí y los demás. Y al igual que en el ejercicio anterior, al final de cada día tómese algo de tiempo para escribir en su diario lo que ha experimentado como consecuencia de las prácticas del día.

En primer lugar, dedique dos jornadas a practicar el recto esfuerzo. Esto implica dos pasos: el primero consiste en reconocer y apartarse de los estados mentales que crean sufrimiento, y el segundo consiste en cultivar estados mentales que promueven el despertar, desechando las viejas definiciones autolimitadoras.

- El primer día dedique su atención a reconocer los pensamientos, las emociones y las acciones que crean sufrimiento en su vida y a desidentificarse de ellas.
- El segundo día ponga toda su atención en promover los pensamientos, las emociones y las acciones que crean sentimientos de paz y felicidad.

A continuación, dedique cuatro días a practicar la recta atención. Cada día prestará atención a uno de los cuatro fundamentos básicos de la recta atención: la consciencia del cuerpo, las sensaciones, los estados mentales, y los objetos o fenómenos mentales.

- El primer día de esta práctica dedique a su cuerpo toda la jornada, sea consciente de su postura, de cómo realiza su cuerpo las actividades cotidianas y cuáles son sus sensaciones.
- Dedique todo el segundo día a estar plenamente atento a los matices emocionales de lo que vive momento a momento. No están tan desarrollados ni son tan sofisticados como los pensamientos y las emociones; son más bien como sensaciones del estómago y pueden fluctuar entre ser agradables, desagradables o neutrales.
- El tercer día atienda a los estados mentales toda la jornada, advirtiendo cómo surgen los pensamientos y las emociones y pasan ante su consciencia. Dese cuenta de cómo algunos pensamientos y emociones crean sen-

timientos de falta de autoestima y angustia y otros crean sentimientos de felicidad y paz.

- A lo largo del cuarto día permanezca totalmente atento a los objetos o fenómenos mentales que suscitan el sufrimiento, como el deseo ansioso, la cólera, la inquietud, el adormecimiento, la duda; a la inversa, dese también cuenta de cómo la atención plena, la tranquilidad, la concentración y la ecuanimidad alivian el sufrimiento. A medida que desarrolle esta práctica, comprenderá con más profundidad la naturaleza del cuerpo y de la mente.

El último día de esta práctica cultive la recta concentración llevando su atención a un solo foco y manteniéndose ahí. Le sugerimos que se centre en la atención plena de la respiración, manteniendo su atención en ella sin distraerse en la medida de lo posible, haciendo dos sesiones de 30 minutos en esa jornada.

Una nueva dirección

La psicología budista afirma que puede escapar de los límites del "yo" basado en la narrativa y vivir con un "yo" plenamente consciente y basado en la inmediatez, practicando la sabiduría, la virtud y la concentración. Este es un camino práctico y con los pies en la tierra, y esperamos que lo adopte para poder vivir con más libertad y alegría. Recuerde que la palabra "práctica" es muy adecuada aquí; es un viaje que dura toda la vida y su meta no es la perfección, lo cual ni siquiera es posible. Habrá momentos en los que retroceda y que caiga en su forma habitual de pensar y actuar. Puede haber veces en las que se sumerja en el trance de la falta de valía. Pero recuerde que en el momento en que se hace consciente de no haber estado presente, ya está de nuevo presente. Quizá pueda practicar con bondad, paciencia y una inmensa compasión por sí mismo.

Todos tenemos un derecho natural de vivir con más paz y capacidad de conexión, libres de las garras de los sentimientos de falta de valía, incompetencia y desconexión. A pesar de lo que haya sufrido en el pasado, los dones conferidos por este derecho natural no pueden ser tan ajenos. Muchos hemos experimentado momentos de gracia cuando nos hemos sentido en unidad con el mundo. Quizá ya ha tenido este sentimiento simplemente paseando por la calle o haciendo algo en apariencia trivial. Suele ser como si el tiempo se ralentizara y la temperatura fuese ideal. Se siente completamente cómodo, a gusto, y tan conectado e interconectado que ya no tiene importancia el vivir o el morir, porque siente ser el universo. Podría ser una vivencia tan breve como un instante, pero es un instante precioso, un instante fuera del tiempo.

¿No sería asombroso vivir de esta forma, con la mente, el cuerpo y el corazón expandidos más allá de las definiciones limitadas del "yo"? Quizá no seamos capaces de vivir de esta forma en todo momento; sin embargo, mediante la práctica de la atención plena podemos vivir más momentos de estos a lo largo de nuestra vida. Confiamos en que este libro le haya ayudado a vivirlos y que, a medida que recorre este camino, llegue a vivir abierto de corazón. D.H. Lawrence captó esta experiencia muy bien en su poema «Escape» (1993, 482):

> Cuando salgamos de las botellas de nuestro ego
> y dejemos de girar como ardillas
> en nuestras pequeñas jaulas personales,
> volviendo de nuevo al bosque,
> temblaremos de frío y miedo;
> nos ocurrirán, no obstante, cosas
> y sabremos que no sabemos nada de nosotros.
> Frío, se agolpará la vida desenterrada
> y la pasión tensará nuestro cuerpo de poder;
> con nuevo poder pisaremos fuerte
> y las viejas cosas se desmoronarán,
> reiremos y cual papel quemado
> las instituciones se arrugarán.

Práctica de la atención plena: la meditación de la integración

Nos gustaría acabar con una meditación de cierre para ayudarle a integrar todo lo que ha aprendido al trabajar con este libro y apoyarle a lo largo de lo que queda de viaje. Tómese el tiempo que necesite en esta meditación y deténgase con cada elemento todo el rato que desee.

Siéntese o túmbese cómodamente y tómese unos momentos para estar muy atento a su respiración. No se requiere ningún esfuerzo, tan solo deje que la respiración suceda a su ritmo. Sea plenamente consciente de su cuerpo respirándole. Usted y la respiración, los vientos de la vida, tan preciosos y frágiles.

Tome este momento para apreciar quién es, por imperfecto que sea, lo bueno, lo malo y lo feo, junto con las diez mil joyas y penas. Dejándolo ser... Observando y permitiendo cualquier cosa que experimente...

Contemple cómo sus historias van y vienen como el viento, siempre efímero y de paso. No hay ninguna necesidad de fijarlo ni de hacer nada. Simplemente observe, permítalo y déjelo ser.

Gradualmente llegará a entender la naturaleza de todas las cosas.

Abriendo el corazón de la compasión y de la benevolencia hacia sí mismo...

Abriendo el corazón de la compasión y de la benevolencia hacia el mundo...

Abriendo el corazón de la compasión y de la benevolencia hacia el universo...

Puedan todos los seres estar a salvo.

Puedan todos los seres vivir en armonía.

Puedan todos los seres vivir en paz.

Fuentes

Lecturas recomendadas sobre la atención plena

Analayo. Satipatthana: *The Direct Path to Realization*. Birmington, Reino Unido: Windhorse, 2002.

Benett-Goleman, T. *Emotional Alchemy: How the Mind Can Heal the Heart*. Nueva York: Random House, 2001.

Brach, T. *Radical Acceptance*. Nueva York: Bantam, 2004.

Brantley, J. *Calming Your Anxious Mind: How Mindfulness and Compassion Can Free You from Anxiety, Fear, and Panic*. Oakland, California: New Harbinger Publications, 2007.

Chödrön, P. *When Things Fall Apart*. Boston: Shambhala, 2000.

—. *The Places That Scare You*. Boston, Shambhala, 2007.

Dalái Lama. «Training the Mind: Verse 1.» www.dalailama.com, 1998.

— y Cutler, H.C. *The Art of Happiness: A Handbook for Living*. Nueva York: Riverhead Books, 1998.

Epstein, M. *Thoughts Without a Thinker*. Nueva York: Perseus Group, 1995.

—.*Going on Being; Life at the Crossroads of Buddhism and Psychotherapy*. Nueva York: Broadway Books, 2001.

Flowers, S. *The Mindful Path Through Shyness*. Oakland, California: New Harbinger Publications, 2009.

Goldstein, J. *The Experience of Insight*. Boston: Shambhala, 1983.

—. *Insight Meditation: The Practice of Freedom*. Boston: Shambhala, 2003.

—. *One Dharma: The Emerging Western Buddhism*. San Francisco: Harper, 2003.

— y Kornfield, J. *Seeking the Heart of Wisdom*. Boston: Shambhala, 2001.

Gunaratana, H. *Mindfulness in Plain English*. Boston: Wisdom, 2002.

Hanson, R. y Mendius, R. *Buddha's Brain: The Practical Neuroscience of Happiness, Love and Wisdom*. Oakland, California: New Harbinger Publications, 2009.

Kabat-Zinn, J. *Full Catastrophe Living*. Nueva York: Delta, 1990.

—. *Wherever You Go, there You Are*. Nueva York: Hyperion, 1994.

—. *Coming to Our Senses*. Nueva York: Hyperion, 2005.

—. *Arriving at Your Own Door: 108 Lessons in Mindfulness*. Nueva York: Hyperion, 2007.

Kornfield, J. *A Path with Heart: A Guide Through the Perils and Promises of Spiritual Life*. Nueva York: Bantam, 1993.

—. *After the Ectasy, the Laundry*. Nueva York: Bantam, 2000.

—. *The Wise Heart*. Nueva York: Bantam, 2008.

Levey, J. y Levey, M. *Luminous Mind: Meditation and Mind Fitness*. San Francisco: Red Wheel, 2009.

Nhat Hanh, T. *The Miracle of Mindfulness*. Boston: Beacon, 1996.

—. *Being Peace*. Berkeley, California: Parallax Press, 2005.

Nyanaponika. *The Heart of Buddhist Meditation*. Boston: Weiser Books, 1973.

Rahula, W. *What the Buddha Taught*. Nueva York: Grove Press, 1974.

Rosenberg, L. *Breath by Breath: The Liberating Practice of Insight Meditation*. Boston: Shambhala, 1998.

—. *Living in the Light of Death*. Boston: Shambhala, 2000.

Salzberg, S. *Lovingkindness: The Revolutionary Art of Happiness*. Boston: Shambhala, 1997.

Santorelli, S. *Heal Thyself: Lessons in Mindfulness in Medicine*. Nueva York: Three Rivers Press, 1999.

Shunryu, S. *Zen Mind, Beginner's Mind*. Nueva York: Weatherhill, 1970.

Siegel, D. *The Mindful Brain: Reflections and Attunement in the Cultivation of Well-Being*. Nueva York: W.W. Norton, 2007.

Stahl, D. y Goldstein, E. *A Mindfulness-Based Stress Reduction Workbook*. Oakland, California: New Harbinger Publications, 2010.

Sumedho, A. *The Mind and the Way*. Boston: Wisdom, 1995.

—. The Sound of Silence. Boston: Wisdom, 2007.

Trungpa, C. *Meditation in Action*. Boston: Shambhala, 1991.

Poesía y escritos inspiradores

Eliot, T.S. *Collected Poems*. Orlando, Florida: Harcourt Brace, 1963.

Gibran, K. *The Prophet*. Nueva York: Penguin Book, 1923.

Hafiz. *The Gift*. Traducción de D. Ladinsky. Nueva York: Penguin Group, 1999.

Kabir. *Kabir: Ecstatic Poems*. Traducción de R. Bly. Boston: Beacon, 2004.

Kafka, F. *The Great Wall of China and Other Pieces*. Londres: Secker and Warburg, 1946.

Lawrence, D.H. *Complete Poems*. Nueva York: Penguin, 1993.

Nelson, P. *There's a Hole in My Sidewalk: The Romance of Self-Discovery*. Hillsboro, Oregón: Beyond Words, 1993.

Oman, M. (ed.). *Prayers for Healing: 365 Blessings, Poems and Meditations form Around the World*. Berkeley, California: Conari Press, 2000.

Rumi. *We are Three*. Traducción de C. Barks. Athens, Georgia: Maypop, 1987.

—. *The Essential Rumi*. Traducción de C. Barks con J. Moyne. San Francisco: HarperCollins, 1995.

—. *The Illuminated Rumi*. Traducción de C. Barks. Nueva York: Broadway Books, 1997.

—. *Open Secret*. Traducción de J. Moyne y C. Barks. Boston: Shambhala, 1999.

—. *The Soul of Rumi*. Traducción de C. Barks. San Francisco: HarperCollins, 2002.

—. *A Year with Rumi*. Traducción de C. Barks. San Francisco: HarperCollins, 2006.

Stafford, W. *The Way It Is*. Saint Paul, Minnesota: Graywolf Press, 1998.

Recursos en audio y vídeo sobre la atención plena

Los CD de meditación de la atención plena de Bob Stahl

Para adquirir o escuchar una muestra de estos CD y DVD, visite *www.yourheartwideopen.com* o *www.mindfulnessprograms. com/mindful-healing-series.html*.

Grabaciones de audio
- Abrirse al cambio, al perdón y a la benevolencia.
- Trabajar con el dolor crónico.
- Trabajar con el dolor de cuello y hombros.
- Trabajar con el dolor de espalda.
- Trabajar con el insomnio y los problemas para dormir.
- Trabajar con la ansiedad, el miedo y el pánico.
- Trabajar con la hipertensión.
- Trabajar con las enfermedades de corazón.
- Trabajar con los dolores de cabeza y migrañas.
- Trabajar con el asma, la EPOC [enfermedad pulmonar obstructiva crónica] y los problemas respiratorios.

- Escaneo corporal y meditación sentada.
- Meditación tumbados y de pie.
- Meditación de la impermanencia y de la benevolencia.

Grabaciones de vídeo
- Meditación Qigong consciente y de la benevolencia.

Los CD y DVD de meditación de la atención plena de Steve Flowers

Para adquirir o escuchar una muestra de estos CD, DVD y archivos digitales, visite *www.yourheartwideopen.com* o *www. mindullivingprograms.com*.

Grabaciones de audio
- Escaneo corporal y meditación de yoga.
- Meditación sentada y meditación de Qigong.
- Meditación de la benevolencia y de la autocompasión.
- Meditación de la reconciliación y del perdón.

Grabaciones de vídeo
- Meditación de Qigong y de yoga.
- Meditación con sonido y visualización de corrientes de agua: visualizaciones de agua relajante y meditación guiada para la reducción del estrés.
- Meditación de la benevolencia y del perdón.

Retiros de meditación y centros de retiro

Retiros para abrir su corazón: *www.yourheartwideopen.com.*
Programas para vivir con atención plena: *www.mindfulliving-programs.com.* Ofrece retiros, incluyendo retiros acreditados de educación continua para profesionales de la medicina y de la salud mental, en diversas ubicaciones de California.
Entrenamiento de la consciencia y relajación: *www.mindful-nessprograms.com.* Ofrece retiros en la zona de la bahía de San Francisco.
Sociedad de meditación de visión profunda: www.dharma.org/ims. Ofrece retiros en Massachusetts.
Centro de meditación de Spirit Rock: www.spiritrock.org. Ofrece retiros en la zona de la bahía de San Francisco.
Gaia House: *www.gaiahouse.co.uk.* Ofrece retiros en el sur del condado de Devon.

Referencias bibliográficas

Amaro, A. Back cover copy. *Inquiring Mind* 26(2): back cover, 2010.

Analayo. *Satipatthana: The Direct Path to Realization*. Birmington, Reino Unido: Windhorse, 2003.

Bennett-Goleman, T. *Emotional Alchemy: How the Mind Can Heal the Heart*. Nueva York: Random House, 2001.

Bowlby, J. *A Secure Base: Parent-Child Attachment and Healthy Human Development*. Nueva York: Basic Books, 1988.

Brach, T. *Radical Acceptance*. Nueva York: Bantam, 2004.

Bradshaw, J. *Healing the Shame that Binds You*. Deerfield Beach, Florida: Health Communications, 1988.

Brown, E.E. *The Complete Tassajara Cookbook: Recipes, Techniques and Reflections from the Famed Zen Kitchen*. Boston: Shambhala, 2009.

Cerf, B.A. *Shake Well Before Using: A New Collection of Impressions and Anecdotes, Mostly Humorous*. Nueva York: Simon and Schuster, 1948.

Dalái Lama y Cutler, H.C. *The Art of Happiness: A Handbook for Living*. Nueva York: Riverhead Books, 1998.

— y Ekman, P. *Emotional Awareness: Overcoming the Obstacles to*

Psychological Balance and Compassion. Nueva York: Times Books, 2008.

Davidson, R.J. Keynote address at the fourth annual scientific conference: Investigating and Integrating Mindfulness in Medicine, Health Care, and Society. Worcester, Massachusetts, 2009.

—, Kabat-Zinn, J., Schumacher, J., Rosenkraz, M., Muller, D., Santorelli, S.F., Urbanowski, F., Harrington, A. Bonus, K. y Sheridan, J.F. «Alterations in brain and immune function produced by mindfulness meditation». *Psychosomatic Medicine*, 2003, 65(4): 564-570.

Einhorn, L. *Forgiveness and Child Abuse: Would You Forgive?* Bandon, Oregon: Robert D. Reed, 1991.

Einstein, A. Carta citada en el *New York Post*. 28 de noviembre de 1972, pág. 12.

Ellis, A. Sex, sanity, and psychotherapy (grabación de casete). Nueva York: Institute for rational Emotive Therapy, 1969.

Farb, N.A., Segal, Z.V., Mayberg, H.V., Bean, J., McKeon, D., Fatima, Z. y Anderson, A.K. «Attending to the present: Mindfulness meditations reveals distinct neural modes of self-reference». *Social, Cognitive, and Affective Neuroscience*, 2007, 2(4): 313-322.

Fénelon, F. *The Spiritual Letters of Archbishop Fénelon: Letters to Women*. Traducción de H.L.S. Lear. Londres: Longmans, Green and Co, 2002.

Frager, R. y Fadiman, J. (eds.). *Essential Sufism*. Nueva York: HarperCollins, 1999.

Ghose, S. *Mahatma Gandhi*. Bombay: Allied Publishers, 1991.

Gilbert, P. y Proctor, S. «Compassionate mind training for people with high shame and self-criticism: Overview and pilot study of a group therapy approach». *Clinical Psychology and Psychotherapy,* 2006, 13(6): 353-379.

Goldstein, J. *One Dharma: The Emerging Western Buddhism.* San Francisco: Harper, 2003.

Goleman, D. *Healing Emotions: Conversations with the Dalai Lama on Mindfulness, emotions, and Health.* Boston: Shambhala, 2003.

Hanson, R. y Mendius, R. *Buddha's Brain: The Practical Neuroscience of Happiness, Love, and Wisdom.* Oakland, California: New Harbinger Publications, 2009.

Harlow, H.F. «Love in infant monkeys». *Scientific American*, 1959, 200(6): 68-74.

James, W. *The Principles of Psychology.* Nueva York: Henry-Holt and Co, 1890.

Killingsworth, M.A. y Gilbert, D.T. «A wandering mind is an unhappy mind». *Science*, 2010, 330(6606): 932.

King, M.L., Jr. Discurso de aceptación del Premio Nobel (1964) en *I Have a Dream: Writings and Speeches That Changed the World.* Nueva York: HarperCollins, 1992.

Kornfield, J. *A Path with Heart: A Guide Through the Perils and Promises of Spiritual Life.* Nueva York: HarperCollins, 1993.

Lawrence, D.H. *Complete Poems.* Nueva York: Penguin Classics, 1993.

Luskin, F. «The choice to forgive», en *The Compassionate Instinct: The Science of Human Goodness.* Editado por D. Keltner, J. Marsh y J. Smith. Nueva York: W.W. Norton, 2010.

Narada Thera (traductor). *The Dhammapada*. Whitefish, Montana: Kessinger Publications, 2004.

Neff, K.D. y McGehee. «Self-compassion among adolescents and young adults». Ponencia presentada en la 38. reunión anual de la Jean Piaget Society. Quebec, Canadá, 2008.

Oman, M. (ed.). *Prayers for Healing: 365 Blessings, Poems, and Meditations from Around the World*. Berkeley, California: Conari Press, 2000.

Pattakos, A. *Prisioners of Our Thoughts: Viktor Frankl's Principles for Discovering Meaning in Life and Work*. San Francisco: Berrett-Koehler, 2008.

Rumi. *The Essential Rumi*. Traducción de C. Barks con J. Moyne. San Francisco: HarperCollins, 1995.

—. *The Illuminated Rumi*. Traducción de C. Barks. Nueva York: Broadway Books, 1997.

—. *Rumi: The Big Red Book: The Great Masterpiece Celebrating Mystical Love and Friendship*. Traducción de C. Banks. Nueva York: HarperCollins, 2010.

Siegel, D. *The Mindful Brain: Reflections and Attunement in the Cultivation of Well-Being*. Nueva York: W.W. Norton, 2007.

Siegel, R. *The Neurobiology of Mindfulness: Clinical Applications*. Teleconferencia, National Institute of the Clinical Applications of Behavioral Medicine, 2010.

Stahl, B. y Goldstein, E. *A Mindulness-Based Stress Reduction Workbook*. Oakland, California: New Harbinger Publications, 2010.

Thoreau, H.D. *Thoreau and the Art of Life: Precepts and principles*.

Editado por R. MacIver. North Ferrisber, Vermont: Heron Dance press, 2006.

Trungpa, C. *Meditation in Action*. Boston: Shambala, 1991.

Wheatley, M. «Consumed by either fire or fire: Journeying with T.S. Eliot». *Journal of Noetic Science,* 1999, noviembre, 1-5.

Williams, M. *The Velveteen Rabbit, or, How Toys Became Real*. Nueva York: Doran, 1922.

Winnicott, D.W. *Maturational Processes and the Facilitating Environment*. Londres: Karnac Books, 1996.

Sobre los autores

Steve Flowers, fundó el programa de reducción del estrés basado en la atención plena (MBSR) en el Centro Médico Enloe y fue pionero en el programa *online* MBSR internacional. Con B. Stahl dirige programas de vivir con consciencia y retiros de atención plena para profesionales de la medicina y de la salud, parejas e individuos que buscan cultivar la atención plena y la compasión en sus vidas. Al dirigir y proporcionar programas de bienestar y talleres para empresas, gobiernos locales y del país, centros médicos y universidades, está profundamente comprometido en llevar la atención plena a la atención médica y a la sociedad.

Bob Stahl, fundó y dirige el programa de reducción del estrés basado en la atención plena (MBSR) en tres centros médicos en la zona de la bahía de San Francisco. Como practicante consumado de la atención plena que vivió en un monasterio budista durante ocho años, ejerce como profesor experimentado adjunto en Oasis, el instituto para la educación e innovación profesional basadas en la atención plena en el Centro para la Atención Plena en Medicina, Atención Médica y Sociedad en la facultad de medicina de la Universidad de Massachusetts.

La autora del prólogo **Tara Brach,** lleva practicando la meditación desde 1975 y dirige retiros de meditación budista en centros de toda Norteamérica. Es psicóloga clínica.